서울
건축
만담

일러두기

• 책·잡지·신문명은『 』, 영화·노래 제목은「 」로 묶어 표기했습니다.

• 인명, 지명 등의 외래어 표기는 국립국어연구원에서 규정한 외래어 표기법을 따랐습니다.

• 이 책에 사용된 일부 사진의 출처는 다음과 같습니다.

ⓒ『매거진 파운드』 천윤기 기자: p. 16~17, 95, 115, 155~157, 196~197, 286~289, 308~310, 353~355

ⓒ류승현: p. 166~167, 272~273

ⓒ신당창작아케이드: p. 233~235

ⓒ박경모: p. 252~253

ⓒ연합뉴스: p. 276~277

• 이 책에 사용된 사진의 일부는 저작권자를 찾지 못했습니다. 저작권자가 확인되는 대로 정식 동의 절차를 밟겠습니다.

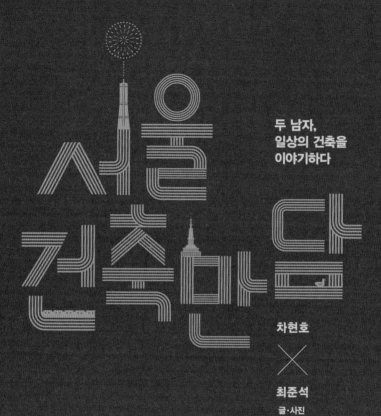

서울 건축만담

두 남자,
일상의 건축을
이야기하다

차현호

×

최준석

글·사진

이프북스

차형과 내가 지금껏 마신 치킨과 맥주(이하 '치맥')의 양은 얼마나 될
까. 치맥이라면 보통 치킨을 안주 삼아 맥주를 즐기는 술자리를 의
미하겠지만 흔치 않아도 간혹 치킨을 즐기며 맥주를 목이나 축이는
안주로 삼는 이들도 있다. 차형은 그런 사람이다. IMF 여파로 취직
하기가 하늘의 별 따기였던 시절, 아니 면접 자리 구하기도 별 따기
만큼 어려웠던 그 시절, 포트폴리오를 들고 찾아갔던 모 설계사무소
의 지하실에서 우리는 처음 만났다. 그리고 곧 그 사무소를 같이 다
니게 되었다.

순박함과 어벙함의 경계를 보여주는 그의 얼굴은 다소 경직되어
있었으나 일단 사람은 좋아보였다. 어릴 때부터 왠지 그런 인상을
좋아한 나는 그에게 "맥주나 합시다" 하고 말을 걸었고 그는 "치킨이
랑 먹읍시다"라고 응수했다. 아마 1999년 1월쯤?

책을 좋아한다는 공통점은 있지만 건축적으로는 취향이 별로 맞
지 않아, 어차피 만나면 건축 얘기는 뒷전이고 시시껄렁한 농담이나
주고받으며(해도 그만 안 해도 그만인 별 재미있지도 않은 얘기를 뭐
하러 하는지) 치맥을 함께한 지 어느덧 15년이 넘었다. 이제는 그의
얼굴이 잘생긴 닭처럼 보이기 시작했을 정도다(그도 내가 잘 빠진 맥
주로 보일지는 모르겠지만).

2010년 내가 먼저 첫 책을 내고 이듬해인가 차형도 책을 냈다. 사
실 그의 책은 나의 회유와 설득에 의한 것(물론 그는 인정하지 않겠

지만)이었는데 평소 희한한 책을 즐겨 읽는 그의 적성을 어떻게든 살려주고 싶은 나의 순수한 노력의 결과였다. 자전거 하나로 일본을 관통한 그에게 손수 아사히 생맥주를 권하며 글 쓰기를 강변하던 내 모습이 아직도 생생하다. 차형은 "응?" 하고 모르겠다는 표정을 지을지도 모르지만.

그렇게 우리는 둘 다 '저자'가 되었다. 하지만 다른 훌륭한 건축가들처럼 여기저기서 프로젝트가 밀려들어오거나(당신이 제 집을 설계해주셨으면 합니다만······) 원고 청탁(선생님의 글을 좀······)과 강연 요청(한 말씀 들려주시······)이 쇄도하는 일은 일어나지 않았다. 일말의 기대조차 안 했다면 거짓말이지만 없으면 없는 대로 심심하게 하루하루를 보내던 어느 날, 모 기업에서 격주로 발간하는 사보에 우리의 원고를 싣고 싶다는 제의가 들어왔다. 차형은 평소 그답지 않게 뛸 듯이 기뻐하며 흥분을 감추지 못했고 오랫동안 해보고 싶었다며 기획 하나를 내 앞에 수줍게 내놓았다. 일명 '주거니 받거니 릴레이 칼럼'이라나?

별 재주가 없으니 건축설계 일을 계속해왔고 그러다 보니 한 사람은 작은 설계 사무실을 운영하는 아저씨가, 또 한 사람은 큰 사무실을 얌전히 다니는 아저씨가 되었다. 이 두 아저씨의 이야기가 무슨 재미가 있을까 의문이 들었지만, 차형은 영화 주간지 『씨네21』에서 꽤 인기를 끌었던 소설가 김연수와 김중혁의 릴레이 칼럼을 들먹이며(죄송합니다, 김연수·김중혁 작가님) 우리도 그렇게 쓸 수 있다고 결의에 찬 주장을 펼치며 치킨을 뜯었다. 그리고 나는 그의 옆에서 묵묵히 맥주만 마셨다.

그렇게 얼떨결에 사보 릴레이 칼럼을 시작했다. 하지만 몇 달 동안 저렴한 콩트 같은 멘트로 지면을 채우는 우리들의 글 때문에 기업의 위신과 체면에 심각한 위협을 느낀 건지, 담당 편집자는 우리와 일방적으로 연락을 끊고 잠수를 타버리기에 이르렀다. '그러게 내가 뭐랬어, 안 먹힌다니까.' 하지만 한편으론 그렇다고 뭐 잠수까지 타나 싶어 살짝 기분이 나빠진 것도 사실인지라 우리는 일단 잘린 이유라도 들어야겠다는 생각에 백방으로 편집자를 수소문했다. 하지만 결국 코빼기도 볼 수 없었다. 이미 맘이 상할 대로 상한 우리는 평소처럼 치킨과 맥주를 마시며 화를 달랬다. 그러다 문득 요상한 결심을 하기에 이른다. 그까짓 연재 안 시켜주면 어때, 우리끼리 하지 뭐!

그렇게 마음대로 써온 몇 편의 릴레이 칼럼이 보기 드물게 마음 넓고 사람 좋은 아트북스 편집장을 만났다. 그런 대인을 못 만났다면 지금 이 글을 과연 쓸 수 있었을까. 역시 인연을 잘 만나야 책도 쓰고 사람 구실도 할 수 있음을 느낀다. 치맥으로 시작한 두 남자의 인연이 한 사람은 치킨을 뜯고 한 사람은 맥주를 마시면서 심심하지만 나름 쫄깃하고 시원하게 십 수 년을 이어왔듯 이 책에 풀어놓은 난장 같은 글들이 부디 읽는 독자들에게 진심을 전달할 수 있기를 바란다. 따지고 보면 인생은 참 살 만한 것이다. 시시한 농담이나 나누던 아저씨 둘이 책의 공동 저자가 되다니, 누구 말처럼 인생은 무조건 오래 살고 볼 일이다.

쓰고 나서 주변의 독서광들에게 원고를 미리 읽혀 보니 이 책의 정체성이 뭐냐는 공통된 질문이 날아들었다. 차형에게도 물어보니 역시 잘 모르겠다는 얼굴로 "건축과 도시 이야기를 빙자한 신변잡기 에세이……쯤?"이라고 한다. 내가 보기엔 신변잡기 에세이를 빙자한 건축과 도시 이야기가 아닌가 싶지만. 결국 그게 그건가?

'우리의 도시와 건축, 공간 그리고 여러 장소들이 평범한 익명의 일상들과 끊임없이 관계를 맺으며 시간을 축적하고 있다는 진실 하나.' 책의 주제가 뭐냐고 유력지의 기자가 진지하게 물어본다면, 아마 이렇게 대답하지 않을까. "그런 진실들이 소박한 일상의 이야기로 들릴 때 우리의 도시와 건축은 비로소 삶의 일부가 되겠지요"라는 그럴듯한 첨언과 함께.

생업으로 건축설계 일을 하며 틈틈이 책을 쓰는 게 힘에 부치지 않는 건 아니었지만 일에 매몰되어 그동안 잊고 있던 일상의 미덕들을 다시금 발견할 수 있었던 점은 무척 고마운 일이다. 차형도 그런 일상의 미덕들이 매번 일을 힘차게 해나갈 힘이 되어주었음을 잘 알고 있을 것이다. 그와 내가 일주일에 한 번, 바쁠 땐 한 달에 한 번 정도 나누었던 대화 속에 그 힘이 남아 있기를.

프롤로그까지 다 썼으니 이제 차형이랑 치맥이나 한판 해야겠다. 그는 또 닭만 열심히 뜯으며 맥주는 목이나 축이는 용도로 마시겠지만.

2014년 가을
최준석

도시가

사람을
위로한다

마포대교
마포구 — 영등포구

마포대교에 갔다. 출판사와 서울에 대한 이야기를 가볍게 해보면 어떨까 하는 이야기를 나눈 뒤, 그럼 계약이나 하고서……, 라는 말을 꺼냈다가 일이 커졌다. 하지만 이미 엎질러진 물. 닦긴 닦아야 하는데 아무리 생각해봐도 어디서부터 첫 글을 시작해야 할지 감이 안 오더라. 서울이라는 도시가 어디 그렇게 만만한가. 그러던 어느 날, '마포대교 생명의 다리'라는 짧은 광고를 보고 눈물이 찔끔 났다. 마포대교가 생명의 다리로 다시 태어났단다. 그래, 요즘은 힐링이 대세지. 그럼 여기서부터 시작해볼까. 며칠 뒤, 어스름한 새벽녘에 나는 마포대교를 찾았다.

밤거리. 차도를 등지고 강을 바라본다. 등 뒤 오른편에서 왼편으로 차량 한 무리가 쏜살같이 질주한다. 그럴 때마다 거친 바람이 등을 민다. 속도에 대한 거리낌이 없어지는 시간. 내 앞으로는 검은 어둠이 짙게 내려앉아 있다. 저 멀리 띄엄띄엄 불 켜진 SIFC빌딩, 63빌딩 그리고 일군의 아파트 불빛들이 두터워진 어둠을 힘겹게 붙잡고 있다. 발밑으로 노랗거나 붉은 불빛에 언뜻언뜻 드러나는 시커먼 한강이 몸을 비비며 흘러간다.

인근 지하철도 끊긴 새벽에 마포대교에 오려고 택시를 탔다.
"아저씨, 마포대교 건너다가 중간쯤에 내려주세요."
택시 기사분이 이상하다는 듯 백미러로 흘끗 나를 바라본다. 며칠간 야근을 한 덕에 수염도 못 깎고 피곤한 기색이 역력한 내 얼굴을 보고 저 인간 혹시 살다 지쳐 딴마음 품은 게 아닐까 의심하는 눈초리다. 몰골은 이래도 내 눈빛은 살아 있을 텐데. 슬쩍 백미러를 보니 영락없이 죽은 생선 눈빛이다.

"이 밤에 거긴 왜 가요?"

"볼 게 있어서요."

말을 하면서도 한밤중에 한강 다리에 볼일이 있는 사람은 어떤 사람일까 싶었다.

"아저씨, 죽으러 가는 거 아니니까 가다 내려주세요."

"다리 위에서는 못 서요."

"그럼 다리 시작하는 데 내려주세요."

뭐 이런 말이 오갈 줄 알았는데 택시 기사는 마포대교에 데려다 달라는 말에 아무런 대꾸도 없이 차를 몰아 다리 시작점에 잠시 멈춰 서곤 이내 바쁘게 사라졌다. 아저씨나 나나 밤일하는 게 어디 그리 쉬운 일이겠는가. 나만큼이나 피곤한 게지.

인터넷에서 본 「자살의 다리 마포대교가 생명의 다리로 다시 태어나다」라는 기사에 따르면, 생명의 다리는 한강 다리 중 자살률 1위인 마포대교를 남단과 북단 양방향 시작 지점에서 각각 두 개씩, 총 네 개의 구간으로 나누어 20여 개의 에피소드를 담아 구성했다고 한다. 각 구간에는 센서가 설치된 조명등이 보행자의 움직임을 감지하고 불이 들어왔다 나갔다 하는데, 거기에는 일상과 생명의 소중함, 희망 그리고 사랑에 대한 메시지를 담은 글귀가 적혀 있어 보는 이로 하여금 재미와 감동을 느끼게 한다. 동작에 반응하는 빛이라니, 야근 끝나고 찾아가면 제격인, 심야 답사에 적절한 장소이다.

『삼저주의』의 공동 저자인 미우라 아쓰시는 『성인을 위한 도쿄 가이드 북』이라는 책도 냈다는데, 늦게까지 일하는 직장인을 위한 야간 답사 장소를 묶어보면 그것도 재미있겠다 싶었다. 제목은 '야근하는 성인을 위한 서울 안내서'. 목차는 밤 '9시에 일이 끝난 이를 위한 코스'부터 '10시, 11시에 끝난 사람들을 위한 코스', 마지막에는 '철야 코스'를 두면 좋겠다. 그런 시답잖은 생각을 하며 여의도에서 시작하는 다리를 따라 걸었다. 기사에 나온 대로 움직임에 반응하는 난간이 내게 말을 건넸다.

난간: 밥은 먹었니?

나: (질문을 하니 대답을 할 수밖에) 응, 야식도 먹었어.

난간: 힘들지?

나: 알면서.

난간: 3년 전에 힘들었던 게 잘 기억 안 나지?

나: 3년 전이면 2010년. 기억 잘 난다. 서울시 용역 하느라 아주 죽는 줄 알았어.

난간: 다 그런 거지 뭐.

나: (잠시 침묵) 그렇긴 뭐가 그래. (울컥)

마포대교는 제일기획에서 제작한 광고를 통해 생명의 다리라는 이름을 얻었지만, 알고 보면 태생부터가 생명의 다리다. 마포대교는

1970년 5월 16일, 서울대교라는 이름으로 준공된 한강에 놓인 다섯 번째 다리다.

서울대교가 놓일 당시 서울 변방의 한갓진 섬이었던 여의도는 개발을 위한 준비를 서두르고 있었다. 1968년 밤섬을 폭파하고 110일 간의 혈투 끝에 여의도를 둘러싸는 7.6킬로미터의 윤중제가 완공되었다. 여름이면 홍수로 몸살을 앓던 한강인지라 여의도 개발에 앞서 제방을 쌓는 일은 필수적이었다. 하지만 윤중제가 완공되고 매립 공사가 시작되었다고 여의도 개발을 위한 준비가 모두 갖춰진 것은 아니었다. 실질적인 개발을 위해서는 사람들이 쉽게 접근할 수 있어야 하는데 여의도는 섬이지 않은가. 섬에 가려면 다리가 필요했다. 당시 서울의 중심이 강북이었다는 점을 고려한다면 마포와 여의도를 연결하는 다리가 필수적이었고, 이 다리는 여의도에 실질적인 생명을 불어넣는 일을 해야 했다. 이것이 서울대교가 생명의 다리가 된 연유다.

1970년 5월 16일 서울대교가 완공되던 날, 주요 일간지는 박정희 전前대통령 내외와 삼부 요인 등 주요 인사 다수가 참석한 교량 준공식이 거행되었으며 이날 개통식에 모여든 1만여 마포구민은 대통령의 시주가 끝나자 농악대를 앞세우고 다리로 몰려들어 난간을 만져보는 등 잔치 분위기에 휩싸였다고 전했다.

이렇게 태어난 마포대교는 40여 년의 세월이 흐르는 사이 지하철 여의나루역에서 5분 거리라는 접근성 때문인지 한강 다리 중 자살률 1위라는 오명을 뒤집어쓰고 죽음의 다리로 변모했다. 2012년 모

생명보험회사가 '생명의 다리'라는 이름으로 기획한 광고에는 이런
내레이션과 인터뷰 장면이 나온다.

한강 다리 투신 1,090명(2003~2011 서울시 소방재난본부 통계)
그중 투신자수 1위, 마포대교(2003~11 188건, 전체 중 17.2%)
"마포대교 생명을 지켜라"

질문: 다리에서 투신하는 사람들을 막는 방법은?
행인1: 난간을 좀 높게 해가지고 그래가지고 사람들이 올라가기 힘들
게…….
행인2: 해가 지면 출입을 못 하게 하는 게 낫지 않아요?
행인3: 안전망을 설치하는 거예요.

"하지만 우리는 사람들을 막는 것이 아니라 사람들의 마음을 되돌
리고 싶었습니다. 불빛, 그것이 아이디어의 시작이었습니다."

이어지는 장면들에서는 제작과정도 나오고 불빛의 문구들이 어
떤 내용을 담고 있는지, 그것들이 어떻게 작동하는지가 제법 감동적
으로 설명된다. 생명을 구하는 빛이라니, 꽤 괜찮은 아이디어가 아
닌가 싶다. 모 생명보험 회사 홈페이지에는 이 광고가 작년 프랑스
칸 국제광고제 아홉 개 부분에서 상을 수상했다고 자랑하고 있다.
인터넷 기사에는 생명의 다리 설치 후 투신률이 85퍼센트나 줄었

마포대교
by Cha

다고 한다. (언론에서는 생명의 다리 설치 후 오히려 투신률이 높아졌다는 기사를 냈으나, 서울시는 이전까지 목격·119 신고에 의존하던 것이 생명의 다리 설치 후 생명의 전화 신고, CCTV 영상 감지 등 다양한 방식으로 집계되어 마치 투신자 수가 증가한 것처럼 보이는 것뿐이며, 실제 투신자 수는 감소했다고 발표했다.) 대단하다. 2003년에서 2011년이면 대략 9년. 그동안 188명이 뛰어내렸으니 연간 20명이다. 거기서 85퍼센트가 줄었으니 17을 빼면 이제는 단 3명!

그럼 생명의 다리가 우리나라 전체 자살률을 줄이는 데 얼마나 기여했을까? OECD 국가 중 자살률 1위인 대한민국에서 2010년 한 해 1만5,566명(통계청)이 스스로 세상을 등졌다고 한다. 거기서 17명을 빼면 1만5,549명이다. 좀 줄어든 것 같은가?

2013년 현재 우리나라는 여전히 OECD 자살률 1위, 자살 증가율도 1위, 청소년 자살도 1위다. 사실 마포대교 투신자 수는 우리나라 전체 자살자를 기준으로 보면 미미한 수준이다. 단지 공공장소에서 이루어지는 극단적인 행동이라 사회적으로 논쟁거리가 되었을 뿐이다.

하지만 이를 단순히 숫자의 감소라는 측면으로만 보고 미진하다고 실망할 필요는 없다. 오히려 나는 도시가 새로운 개념으로 읽힐 수 있는 가능성이 여기에 있지 않을까 하는 생각이 들었다. 이를테면 '힐링'의 도시, 이런 개념 말이다. 비만이 심각한 문제가 되는 미국에서 뉴욕 시가 '살이 빠지는 도시diet city'를 만들어야 한다는 화두를 던진 것과 비슷한 맥락이다. 보행도시 개념도 마찬가지다.

1970~80년대 개발과 차량의 빠른 이동이 패러다임을 지배하고 있을 때 걸어 다니는 사람들은 육교로, 지하로 힘들게 이동해야 했다. 하지만 이제 사람들이 걷기 편해야 좋은 도시라는 생각이 보편적으로 받아들여지고 있다.

40여 년 전 여의도 개발을 위해 태어난 다리가 사람을 살리는 힐링의 다리로 변했다는 사실은 이제껏 도시가 사람을 위로해줄 수 있다는 생각을 해본 적이 없는 이들에게 (특히 나 같은 건축·도시 전공자들에게) 새로운 상상을 하게 한다. 망친 시험으로 속상할 때, 연인과 헤어져 우울할 때, 누군가를 떠나보냈을 때, 도시가 이들을 다독이고 위로해줄 수 있다면, 서울은 한강 르네상스 같은 사업 없이도 멋진 도시가 되지 않을까? 물론 그런 장소를 만들기 전에 계획자들이 먼저 기억해야 할 것은 자살률 85퍼센트의 감소보다는 스스로 죽음을 택한 사람들이 '밥은 먹었니'라는 단순한 위로조차 받지 못했다는 사실이겠지만.

너무
쉬운

위로

숭례문
중구 남대문로 4가

영화 「더 테러 라이브」에서 전기세 이야기를 한참 하던 라디오 청취자가 갑자기 "한강 다리를 폭파하겠습니다"라고 했을 때 배우 하정우는 "뭐 이런 미친 XX……" 하면서 할 수 있는 모든 욕설(욕 좀 하시더군요)을 해댄다. 하지만 그 결과 쾅! 경고한 대로 마포대교가 폭발하고 현장에 취재를 나갔던 아내까지 잃는 비극을 낳는다. 쯧쯧. 속는 셈 치고 따끈한 오뎅 국물 같은 위로의 한마디라도 건넸더라면 그런 일까진 없었을 텐데. 그러니까 일단 뭔가 심각한 상처가 있는 사람이 말을 할 땐 귀 기울여 제대로 들어줘야 하는 것이다. 어디서 개가 짖는지 사람이 말을 해도 듣는 척도 안하는 세태가 사회 이곳저곳에 만연한 지 이미 오래긴 하지만.

마포대교를 짓던 시절은 멀쩡히 잘 있는 밤섬을 부숴서 여의도를 만든다는 발상이 혁신으로 통하던 참으로 재기발랄한 명랑시대였는데, 그렇게 만든 섬을 잘 써먹기 위해 다리를 놓고, 이후 수십 년이 지나 그 다리가 가장 자살하기 용이한 장소가 되었다는 이야기를 듣고 나니 돌고 도는 기구한 운명으로 점철된 어떤 비극적인 역사의 단편처럼 다가와 착잡한 심정이 되어버렸다. 사람이 다가가면 불이 켜지고 '밥은 먹었니' 하는 자동 감지 자막을 띄우는 큰 교각의 난간대가 자살률을 80퍼센트 넘게 줄였다고 흐뭇해해야 하는 현실이라…… 관련 당국에서야 그렇게 해서라도 통계수치가 나아지면 좋아할 일이겠지만 이 넓은 도시에 사람을 위로하는 장소가 진짜 드물구나 하는 생각에 떠난 주인을 갈구하는 강아지 마음이 되어 휑한 감정을 지울 길 없다.

어떤 절망적 상태에서 모든 걸 던져버리려 지하철역에서 가장 가깝다는 다리에 갔는데 고작 기계가 찍어주는 위로의 글을 볼 때의 기분은 과연 어떨까. 어쩌면 그런 문구 앞에서 발길을 돌리는 이유는 최소한 문명시대의 인간으로서 이런 대접을 받으며 죽을 순 없다는, 일종의 모욕감에서 비롯된 건 아니었을까. 어쩌면 무척 화가 나고 분하고 어이없었을지 모른다. 「더 테러 라이브」에서 마포대교를 폭파시켰던 테러범도 아마 이런 모욕을 느낀 사람이 아니었는지. 영화의 프리퀄을 만들 예정이라면 꼭 참고해주면 좋겠다.

마포대교 이야기를 하다 보니 서울은 새삼 사람 살기 참 팍팍한 동네라는 생각이 든다. 다들 자기 말만 해대느라 정신이 팔려서 옆, 뒤를 둘러볼 여유가 없다. 위로는 어려운 것이다. 앞이 아니라 옆과 뒤를 봐야 할 수 있는 일이니까. '괜찮아' '아무 일 없을 거야' '잘 될 거야'라며 서로를 다독거려주는 존재가 있다면 굳이 찬바람 맞으며 다리 위에 설 생각까진 하지 않을 텐데. 그런 존재들이 늘어나진 못할 망정 하나둘 사라지니 큰 문제다.

2011년 3월, 대지진으로 모든 것이 리셋된 일본 도호쿠 지역 몇몇 현에 이재민을 위한 아주 특별한 건축물이 지어졌다. '모두의 집 Home for All'이라는 이름의 마을 회관 같은 건물이 그것이다. 이 '모두의 집'은 재난지역에 투입되는 철골 조립식의 컨테이너 가설 주택을 대체하는 사회적 건축으로, 규격화된 조립식 주택이 가져올 또 다른 비인간적 평등주의와 획일주의를 피하기 위한 건축적 개념을 담고 있다. '모두의 집'은 지역마다 조금씩 다른 방식으로 지어졌으며 주민들을 위한 몇 개의 방과 공동 거실, 화장실 등으로 구성된 단순한 형태를 띠고 있다. 지역에 따라서는 고사한 그 지역 삼나무를 적극 활용하기도 했다.

이 프로젝트를 기획 주도한 이는 이토 도요伊東豊雄라는 건축가로, 그와 함께 일본의 유명 건축가들이 협력했다. 그들이 주목한 것은 재난을 통해 다친 사람들의 마음을 위로해주는 공간을 조성하는 것이었다. 삶 전체가 사라진 판에 똑같은 건물과 도로를 다시 지어준다 한들 그것이 이전과 같을 수 없음은 자명한 일이다. 중요한 건 치유를 위한 '위로'가 먼저라는 점이다. 그들은 현실을 부정하지 않고 똑바로 바라보는 진실한 집짓기를 통해 이재민들의 다친 마음을 위로해주고 싶었으리라.

이토 도요는 '모두의 집'을 통해 건축의 사회적 소통이 갖는 의미를 재고시켰다. 그 결과 2013년 건축의 노벨상이라 불리는 프리츠커상Pritzker Architecture Prize을 수상했다. 이토 도요의 수상은 미래의 건축이 과시와 소비를 지향하는 자본주의적 자기 연출에 머물지 않고 지역의 풍토, 사람 그리고 삶에 대한 진지한 고민에서 출발해야 한다는 '기본'을 재차 강조한 것이라 볼 수 있다.

재난이 몰고 온 지울 수 없는 충격과 상처를 해소하기 위해 건축이 과연 무엇을 할 수 있는지, 언제나 실험적인 이슈를 던지며 건축의 첨단을 지향했던 노장 건축가는 '모두의 집'을 통해 감동을 전하고 있다. 형태가 눈에 띄거나 특별한 기술이 돋보이는 건물은 아니지만 지역의 새싹을 움트게 하고, 편하게 쉴 수 있는 공간을 마련함으로써 정신의 회복을 도모한 것이다. 무너진 도시보다 더 중요한 것이 재난에 쓸려간 '삶'이라는 관점에서 그의 메시지는 타당하며 또 감동을 전한다.

'모두의 집'은 만드는 과정을 통해 사용자인 이재민들과 건축가가 같은 눈높이에서 심리적 교감을 지속해나갔다는 데에서 더 큰 의미를 찾을 수 있다. 첨단의 도시 프로젝트를 수행하며 이미 세계적 명성을 얻은 건축가는 폐허 위에서 삶과 건축을 질문하며 작은 쉼터를 지었다. 이 건물은 세상의 어떤 건축보다 강하고 단단한 희망을 품는다. 무작정 싹 지워버리고 새로 짓는 게 미덕인 우리 풍토에서 볼 때 큰 상처를 치료하기 위해 아주 작은 진심으로 시작하는 그들의 태도는 한 번쯤 생각해볼 일 아닐까. 부실 공사로 말이 많은 숭례문을 볼 때마다 속상하고 불편한 마음 감추기 어려운 요즘에는 부쩍 더 그런 생각이 든다.

불에 타 무너진 지 5년 만에 컴백한 국보 1호는 우리가 알던 그것인지 아닌지 잠시 고개를 갸우뚱하게 만들었다. 가림막에 가려진 채 은둔하며 대수술을 마친 숭례문은 마술쇼 같은 재탄생을 기대하던 사람들 앞에 전임 대통령 임기 말에 짠 하고 나타났다. 그런데 왠지 반가움보다는 '누…… 누구시죠?' 하게 되는 느낌이었달까. 잠적 기간 동안 눈, 코, 입 티 안 나게 살짝살짝 시술한 연예인을 본 것처럼 분명 같은 숭례문이긴 한데 딱히 같다고 말하기도 애매했다.

애초에 완벽한 복원이란 불가능한 일이었을지도 모른다. 물리적 작업으로 가늠할 수 있는 건물 형태와 구조체 복제만으로는 100퍼센트 같을 수 없는 한계와 더불어, 오랜 세월 국보 1호로서 누적된 집단 기억의 갑작스러운 상실에서 기인한 상처가 우리의 마음에 여전히 존재하고 있기 때문이다. 동일본 대지진 피해자들이 겪은 상실감과 본질적으로 크게 다를 바 없는 상처다. 불에 탄 숭례문이 허무하게 무너져 내리던 그날 밤이 아직도 생생한데 변변한 공감의 과정 하나 없이, 없으면 다시 지으면 된다는 식으로 뚝딱 만들고 끝내버렸으니 이질감은 당연할 수밖에.

모든 매스컴이 열광적으로 전파한 준공 이벤트는 얼마 못 가 부실공사 논란, 시공자의 공사비 횡령 등 한심한 사건들이 연이어 도마에 오르면서 국민들의 눈총을 샀고, 임기 중 완공이라는 속도전에 따른 크고 작은 디테일의 결함 등이 발생하여 총체적인 문제점(처음부터 이럴 줄 알았다고 말해봤자 별 소용이 없겠지만)을 드러내고 말았다.

복제된 숭례문에 폐허 위에 지어진 '모두의 집'을 조심스레 오버랩 시켜본다. 우리에겐 과연 무엇이 결여되어 있는 것일까. 국내 최고 장인들로 구성된 기술자들이 무리한 일정에도 불구하고 맡은 영역에서 정성을 기울여 작업했을 것이다(그렇다고 믿고 싶다). 성곽 복원에 쓰인 돌들은 예전 석공 방식으로 정과 망치를 이용해 수작업(어떤 이유로 그런 방식이 채택된 것인지는 모르겠지만)으로 다듬어서 쌓아올렸고, 기와 역시 개별 수작업으로 불순물을 골라내며 전통 가마로 굽고 가열과 냉각을 반복하는 재래 기법을 동원하여 만들었다는 준공 당시의 발표를 기억하고 있다. 하지만 결국 프로젝트의 목적은 최단 기간 내에 최고의 복제를 이루자는 데 있었던 게 아닐까. 최단은 너무 빠듯한 시간이었고, 최선은 책임이 담보되지 않은 최선이었다. 뒤늦게 열 감지기, 침입 감지기, 첨단 센서가 장착된 최신 스프링클러, 고화질 폐쇄회로 TV 등을 줄줄이 깔아놓았다 한들 무슨 의미가 있을까.

새 숭례문엔 여전히 화염에 휩싸였던 그날 밤의 상처가 보인다. 파란만장한 20세기를 거치며 국보 1호를 통해 알게 모르게 위로받았을 우리의 공통 기억의 속살까지 파고든 깊은 상처들. 그것은 건물 하나가 불에 타 무너지는 단순한 물리적 피해가 아니었기에 중요한 문제였다. 하지만 국보 1호의 상징성을 차치하고라도 허망한 재난에 허탈했던 우리의 선택은 결국 물질의 복제였다. 그것도 아주 빠른 시간 내의 감쪽같은 복제.

최초의 숭례문은 태조 7년(1398)에 완성되었다고 사료는 전한다. 현재 서울에 남아 있는 가장 오래된 목조건물이며 그 역사적 가치와 상징성으로 1962년 12월 20일 국보 1호로 지정되었다. 불에 타기 전의 숭례문은 세종 29년(1447)과 성종 10년(1479)에 나누어 고쳐 지은 것이고 일제강점기와 한국전쟁을 거치면서 크고 작은 개축을 통해 600년 동안 서울의 남쪽을 지켰다.

국보 1호 숭례문. 국보 1호라는 상징성 복원에 급급하여 원상태로 되돌리는 행정 편의적 계획보다 실제적 상처를 만지고 치유하며 본래 이 장소가 가진 가치를 재조명하는 도시 문화적 차원의 복원이 필요한 건 아니었는지 아쉬움이 남는다. 건축 시공 과정 자체를 상업화한다는 비판이 있긴 하지만 세계인의 관심을 받으며 1882년 이래 지금까지 짓고 있는 바르셀로나의 성가족성당의 경우처럼, 국보 1호에 걸맞은 세밀한 호흡으로 그 공사 과정 자체를 하나의 문화로 승화시킬 수도 있었을 텐데. 10년이 넘게 걸리는 장기 기획이었더라도, 정권이 바뀌더라도, 복원 프로젝트를 연결하여 정치이념에 상관없이 문화와 국가의 상징적 사업에서는 하나가 되는 풍경을 보여주었다면 어땠을까. 그랬더라면 오히려 그런 시도 자체가 잔잔한 의미가 되었을 수도 있고, 국내외에 정치적으로나 문화적으로 유효한 메시지를 전할 수도 있었을 것이다.

타고 남은 성곽과 목구조의 흔적들을 그대로 남겨두면서 작업을 진행했어도 충분히 좋았겠다. 폐허의 공간을 걸어 들어가 재난 이전과 이후의 시간과 교감하면서 사라짐의 순간을 자연스럽게 받아들이는 체험은 상상만으로도 설렌다. 우리는 특별한 수준의 공간적 치유를 통해 집단 기억을 서서히 회복하고 부재不在에 대해서 충분히 사색해볼 수 있는 귀중한 시간을 영영 놓치고 말았다. 우리는 너무 쉽게 없애고 너무 쉽게 복제한다.

옛것을
살리려면

이 정도는
돼야지

온그라운드 스튜디오
종로구 자하문로 12길 10-14

숭례문의 복원이 단순한 형태의 재현을 넘어서기를 바라는 최 소장의 글을 읽으면서, 이 양반의 장점이란 진지함에 있구나 싶었다. 그는 타고 남은 흔적을 원래 상태로 복구하기보다는 폐허의 흔적을 그대로 남겨두고 거기서 치유와 부재의 사색을 제안한다. '아! 그때가 좋았는데, 어쩌다 한 줌의 잿더미로 변했단 말인가! 우리는 이렇게 소중한 것들을 헛되이 떠나보내고 정신없이 사는구나, 그런데 사는 게 뭐지?' 하는 이런 철학적 질문을 던지기를 원하나 보다.

안드레이 타르코프스키의 영화 「노스탤지아」의 마지막 장면이 떠오른다. 벽만 남은 폐허의 성당, 바닥에 엎드려 있는 주인공. 카메라가 천천히, 아주 천천히 뒤로 빠지면서 눈에 덮여가는 주인공을 비추던 긴 장면. 너무 길어서 뭔가 하지 않을 수 없게 만드는 그 장면 말이다. 하지만 타고 남은 잿더미나 폐허를 두고 사색에 빠지기 위해서는 (타르코프스키의 영화 앞에서 졸지 않은 이만 아는) 사유의 진정성과 고도의 집중력이 필요한데, 건물이건 뭐건 슥 보고 지나치는 나 같은 범인들은 '겁나게 홀랑 타버렸네' 정도의 감상에 머무를 수 있는 위험성이 있다는 것을 최 소장이 알아줬으면 한다.

게다가 서울 한복판에 잿더미라니. 물론 잿더미의 역사가 우리에게 아주 없었던 것은 아니다. 경복궁이 현재의 모습 비슷하게라도 재건된 건 흥선대원군 대에 이르러서였다. 임진왜란 때 소실되고 거의 300년 만에 중창된 것이다. 조선 시대의 절반 동안 경복궁은 존재 아닌 존재자로 남아 있었다. 전란 후 백성들이 타버린 궁궐의 흔적을 보면서 치유와 부재를 사색했는지, 아니면 '왜구 XX놈들' 하면서 이를 갈고 살았는지는 모를 일이지만(만일 그랬다면 조선왕조는 고도로 전략적인 나라였을 것이다), 명절마다 경복궁 앞에 바글거리는 인파를 보고 있으면, 서울 중심에 잿더미로 남은 경복궁보다는 부족하나마 현재의 모습이 좋지 않나 싶다. 그러니 나는 숭례문 복원에 한 표 던지는 쪽이다. 그러고 나면 우리가 고민해야 할 것은 복원 자체보다 복원의 모습을 어떻게 가져갈까 하는 점이며, 곁들여서 문화재를 어떻게 활용할까 하는 데까지 나간다면 금상첨화겠지.

문제는 여기서 발생한다. 문화재의 복원과 활용이라는 것이 어디 말처럼 쉬운 일인가. 문화재, 나아가서 문화재 주변의 건물을 다루는 것은 상당히 어려운 일이다. 웬 엄살이냐는 사람도 있겠지만, 최근에 문화재 주변에 터를 잡은 프로젝트를 진행하면서 오래된 옛것의 복원과 활용이라는 문제는 건축가들에게 뼈를 깎는 인내의 시간을 요구한다는 사실을 알게 되었다(뭐 사실 뼈까지 깎지는 않았습니다만). 문화재 옆에는 벽돌 한 장 놓기도 하늘의 별 따기 만큼이나 어려웠다. 나중에는 정말 다 때려치우고 싶었다. 솔직히 문화재라면 이제 입에서 거품이 나온다. 여기에서 뼈를 깎는 고통이 뭔지 전혀 실감을 못하는 분들을 위해 모월 모일 문화재 사전 협의 회의의 한 장면을 보여주고 싶다.

"내가 심의위원으로 있는 한 여기에는 아무것도 지을 수 없어요. 여기는 그런 땅이 아닙니다. 만일 짓고 싶으면 나를 자르고 지으세요!"
대략 봄바람이 더운 기운을 머금기 시작하는 5월 말. 세상은 연두색으로 짙게 물들어가고 교내는 젊은 청춘남녀들의 생기로 가득한데, 13층, 책으로 덮인 모 교수님의 방은 어두컴컴하다. 만일 누군가 앞뒤 자르고 조금 전의 이야기를 일부분만 들었다면, 그 교수님이 1980년대 민주화운동 때(운동을 했다면) 경찰서에 끌려가서 하던 말씀을 왜 꺼내는지 궁금할지도 모르겠다. 보통 나를 자르고 하라든가, 나를 밟고 가라든가 하는 말은 일종의 최후통첩이자 너랑은 끝났다는 의미로서 드라마에서나 들을 법한 이야기다. 그런데 점심에 먹은 밥알들이 낮잠 바이러스로 변해가면서 정신이 몽롱해지던 찰나에 던져진 모 교수님의 "나를 자르고 지으세요!"라는 말은 참 대쪽 같은 사람이라는 인상을 남기긴 했으나, 정신을 차려보니 이게 남의 일이 아니더란 말이다. 같이 간 모 구청의 모 팀장도 어느새 얼굴에 웃음기가 싹 가시고 곤란한 표정을 짓고 있었다.

사실 교수님의 말에 틀린 건 없다. 그 땅은 문화재 보호구역 안에 있고 문화재에 영향을 미칠 수 있는 사항은 심의를 거쳐 판단하게 되어 있으므로 원칙적으로 문화재에 영향을 미칠 수밖에 없는 이번 사업은 하지 말아야 한다. (그런데 세상에 주변에 영향을 미치지 않는 건물도 있나?) 그러니 원칙 없이 사업을 진행하려는 구청에 문제가 있다고 할 수밖에 없으며 더 큰 문제는 원칙을 모르고 디자인 재능기부를 하겠다고 나선 회사다. 개인적으로는 몇 주 동안 노력을 기울인 계획안이 물거품이 될지도 모른다는 내 기구한 운명 또한 문제였다. 참 괜찮은 계획안이었는데…….

이후 다른 자문위원들을 만나면서 계획안은 수많은 언어적 구타에 시달렸다. 그때의 기억들을 가위질해보면 이런 단어와 문장 들이 바닥에 떨어진다. 편집중 있느냐(정신병자가 디자인한 것 같다), 이게 뭐야(돌 건물 옆에는 돌 건물이 들어와야지 왜 유리를 썼느냐), 아비보다 아들이 나을 수는 없다(옆에 있는 문화재보다 눈에 띄면 안 된다). 이건 이래서 이렇게 했고, 주변의 이런 사례도 있고…… 벌개진 얼굴로 나름 용을 써가며 설명을 했지만 그곳에서 나는 이미 주변 상황은 고려하지도 않고 옆의 문화재보다 튀는 디자인으로 잘난 체하고 싶어 안달이 난 정신병자가 되어 있었다.

이런 일을 겪고 나니 한동안 반달리즘(문화재 파괴주의)도 이해가 되고 어디 문화재가 개발 사업 와중에 유실되었다는 뉴스를 들으면 거참 시원하게 잘 밀어버렸네 하는 유치한 복수심이 치밀어오른 적이 없었다고는 말 못 하겠다. 뭐 이런 놈이 다 있나 혀를 차는 사람도 있겠지만 안 당해본 사람은 모른다.

결국 문화재 심의 과정에서 그 땅에는 어떠한 건축물도 못 짓는다는 결론이 났다. 이미 어느 정도 예상한 터라 크게 놀랍지도 않았다. 시간이 흐르자 모난 감정도 차츰 가라앉았다. 돌아보면 계획안이 통과되지 않아 섭섭하기는 하지만 리서치 과정에서 옛것을 멋지게 활용한 서촌의 온그라운드 스튜디오를 만났으니 시간만 버렸다고 후회하지는 않는다.

경복궁의 서쪽, 서촌. 서울 옛 모습의 마지막 흔적이라는 얘기는 과장되긴 했지만, 인사동과 북촌이 하나둘씩 상업화의 물결에 쓸려

언그라운드 스튜디오
by Cha

언그라운드 스튜디오
by Cha

가는 걸 보노라면, 이제 서촌도 곧…… 하는 불길함에 '마지막'이라는 말이 가슴에 와 닿곤 한다. 하지만 몇몇 공간 덕에 서촌의 상업화는 조금 다른 모습을 띨 것이라는 희망도 없지는 않다. 이를테면 온그라운드 스튜디오가 대표적이다.

이 건물은 건축가 조병수 선생이 적산가옥을 리모델링한 전시장이다. 서촌의 골목길을 따라 걷다보면 그 길 끝에 스튜디오의 밤색 문이 보인다. 문을 열고 들어가면 손바닥만 한 거친 정원과 작은 전시장이 눈에 들어온다. 그리고 이 집의 결정적인 장면이라 할 수 있는 빛이 쏟아져 들어온다(그러니 흐린 날보다 볕 좋은 맑은 날 방문할 것을 추천한다). 선생은 원래 있던 건물을 철거하면서 지붕을 받치고 있던 오래된 지붕널을 살려두었다. 그리고 그 위에 지붕 대신 유리를 씌웠다. 맑은 날, 빛은 유리를 투과해 낡은 널을 지나면서 세월에 울퉁불퉁해진 나뭇결의 흔적을 고스란히 빛과 그림자로 바닥에 뿌린다. 물이 줄줄 흐르는 구멍처럼. 옛것, 낡은 것들이 속삭인다. 처음 이곳을 둘러보고 이제껏 공간은 붙이고 붙여야 뭔가 만들어진다고 생각했는데, 덜어내고 덜어내야 드러나는 공간도 있구나 싶었다. 선생은 이 집이 나오게 된 배경에 대해 한 월간지 인터뷰에서 다음과 같이 말했다.

"집을 고치기에 앞서 원래 기와를 들어내고 나니 멋지게 빛이 들어왔고 그 빛을 그대로 활용하면 어떻겠느냐는 의견을 같이 일하는 건축연구소 직원들이 내주었다. 즉, 직관적으로 제안해 합리적으로 검토한 결과라 할 수 있을 것이다"

— 『까사리빙』 문화산책 인터뷰에서

여느 건축가처럼 빛과 그림자라든지, 빛과 침묵이라든지 뭐 이런 근사한 화두라도 남기셨으면 좋았을 텐데. 선생은 미국 유학 시절 몬태나 주 교외 어딘가에서 경험했던, 지붕널 틈새로 빛이 쏟아져 들어오는 커다랗고 낡은 헛간 같은 건물 공사를 하다 보니 그렇게 됐다고 하지만 물론 그게 다가 아니리라는 것을 안다. 20평, 작은 공간을 완공하기까지 1년이나 걸렸으니 말이다. 그 시간은 선생이 불러오려고 했던 것, 서촌이라는 장소, 소통, 옛것에 대한 기억, 이 모든 것이 삭아서 떨어지는 빛이 되기까지 걸린 시간이다. 고민의 무게가 깊다.

아무도 없는 갤러리를 서성이다가 '고모레비こもれび'라는 단어를 떠올렸다. '나뭇잎 사이로 비치는 햇빛'이라는 뜻이다. 멋진 단어다. 이 단어의 매력은 짙은 갈색의 바닥, 그 위로 비치는 햇빛, 하늘거리는 나뭇잎, 다시 그 위로 언뜻 드러나는 파란 하늘…… 수시로 변해 하나로 정의할 수 없을 것 같은 풍경의 조합을 한 단어로 이름 붙인 데 있다. 그리고 일본인들은 이 단어에서 특정한 이미지를 떠올린다. 그러면 우리도 지붕널 사이로 떨어지는 햇빛이라는 것에 이름 붙일 수 있는 단어를 만들어보면 어떨까. 한 번에 말할 수는 없지만, 선생이 전하고 싶었던 소통, 기억, 회복의 다양한 의미를 함축하고 있는 그런 단어 말이다. 그래서 누군가 어떤 공간을 두고 'ㅇㅇㅇ 같

은데'라고 한다면 우리는 온그라운드 스튜디오에서 느꼈던 특별한 감정과 이미지를 떠올리게 될 것이다.

옛 건물을 재활용한다는 것은 쓸모의 재탄생을 넘어 기억의 재구성이고 새로운 개념의 탄생으로까지 나갈 수도 있다. 이런 것이 옛것을 살리는 진정한 의미이지 싶다. 옛 기억을 들추기에 끝나지 않고 새로운 의미로 태어날 수 있는 것.

그런데 나도 이렇게 멋진 집을 그렸더라면 문화재 심의에서 통과했으려나? 내 것도 괜찮았는데.

건축은
예술일까?

미메시스 아트 뮤지엄
경기도 파주시 문발로 253

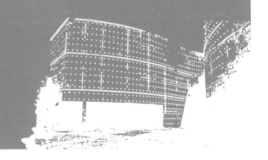

글쎄, 아마 통과하지 않았을까. 옛 기억을 들추는 것에서 끝나지 않고 새로운 의미로 태어나게 했더라면, 그래서 진심이 제대로 드러났더라면. 차형에게 특별한 억하심정이 있을 리 만무한 심의위원들께서 딱히 통과시키지 않을 이유가 없었을 것이다(뭐, 물론 아닐 수도 있겠지만).

하지만 쓸모의 재탄생을 넘어 기억의 재구성을 한다는 게 말처럼 쉬운 일인가. 쓸모란 실용성을 일컫는 말이다. 사용자가 필요로 하는 갖가지 기능들에 맞게 공간적 효율을 구축하는 것, 쉽게 말해 사용자에게 편리한 공간을 제공하는 것이다. 그러니 쓸모 있는 공간을 만드는 것만으로도 건축의 역할은 이미 충분하다. 한데 장소가 가진 여러 가지 기억들을 끄집어내어 재구성한다니, 이건 대체 무슨 말인가.

S.E. 라스무센은 자신의 저서 『건축예술의 체득』의 첫 장에서 건축을 단순히 평면, 입면, 단면으로 설명하는 방식에 의문을 제기하면서 건축이란 그 이상의 다른 무엇(?)이어야 한다고 말한다. 예술은 설명할 수 있는 무엇이 아니라 경험해야 하는 대상이라는 것이다. 아마 차형이 말한 기억의 재구성이란 이런 의미가 아닐까. 건축에서 쓸모의 문제라면 평면, 입면, 단면으로 표현할 수 있는 선에서 어느 정도 해결할 수 있겠지만 기억의 문제라면 그런 기술적 도구만으로는 설명이 안 된다. 그 이상의 다른 무엇, 예컨대 논리 밖의 감각과 시간성의 관점으로 바라봐야 하기 때문이다.

S.E. 라스무센은 다시 이렇게 정리한다. '건축만큼 차갑고 추상적

인 형태를 취하는 예술도 없지만, 동시에 건축만큼 인간이 태어나고 죽을 때까지 인간의 생활에 밀접하게 관련된 예술도 없다'라고. 요컨대 쓸모의 문제 역시 예술의 관점에서 봐야 한다는 이야기다. 결국 건축은 예술이라는 말씀. 왜냐하면 그 중심에 사람이 있기 때문에.

그러므로 차형이 일갈한 '공간은 붙이고 붙여야 되는 줄 알았는데 뜯어내고 뜯어내어 만드는 방식도 있음을 알았다'라는 깨달음은 결과적으로 건축이 사용하는 사람을 더 행복하게 한다는 전제가 없다면 쓰기 어려운 말이겠다. 옛 장소를 만지고 그것에서 의미를 발견해야만 하는(문화재 심의위원들에게 그 의미를 전달해야 하는) 고단한 작업을 하다가 본인도 모르게 뱉은 멋진 표현, 아마 얼떨결에 뱉은 말일 것이다. 그도 그럴 것이 앞글의 푸념처럼 차형은 그 프로젝트를 하면서 개고생을 했으니 말이다.

디자인실에 박혀 콧노래를 부르며 온종일 스케치북에 희한한 상상과 공간을 끄적대는 것만으로도 충분히 행복해하는 차형이다. 좋아도 좋단 말을 안 하고 표정도 항상 똑같으니 확실히 그렇다고 말할 수는 없지만. 그런데 그런 사람이 작은 창고만 한 갤러리 하나 잘 만들어보겠다고 까다롭기로 소문난 문화재 심의위원들을 만나 설득을 하고 다녔다니. 평소와 한참 동떨어진 상황에서 차형이 그런 투지를 발휘했다는 사실이 나름 오래 그를 알아온 나로서는 상상이 잘 안 갔다. 그러니 온그라운드 스튜디오 공간에 떨어지는 들판 창고 같은 데서 봄직한 빛, 건물 틈새를 뚫고 들어온 광선과 그림자의 율동을 보며 순간 울컥했을 것이다.

사실 나도 그런 적 여러 번 있다. 일상 속에서 답답해하다가 그런 예술적 일상의 장면과 마주했던 순간들. 문득 어느 해 초여름날 천장을 통해 쏟아지듯 들어오던 백색광선의 그 방, 방 안에 가득한 빛을 보며 알 수 없는 감동에 울컥했던 기억이 난다. 이런 게 예술이구나 했던 그런 기억.

클로드 모네의 유명한 「수련」을 처음 만난 건 도쿄 우에노 서양미술관에서였는데 첫 인상은 그냥 그랬다. 소위 걸작이라는 작품 앞에 관람객이 모여 있는 풍경은 어느 미술관이나 마찬가지. 그날의 수련이 어떤 느낌이었는지는 기억나지 않는다. 「수련」을 담고 있던 미술관의 하얀색 벽과 고전적인 그림들, 사람들로 꽤 붐볐던 것만 기억날 뿐이다. 그러다 한참 시간이 흐른 후 파리 튈르리 정원 옆 오랑주리 미술관의 타원형 갤러리에서 「수련」을 다시 만났다. 그것은 전혀 다른 「수련」이었다.

모네가 살던 파리 근교 지베르니의 정원을 담은 서정적 풍경이 아름답게 휘어진 방 안에서 빛을 발하고 있었다. 그림은 사라지고 공간만 보이는 것 같았다. 작품보다 더 예술적인 공간이라니, 이 방은 모네의 「수련」과 백색의 공간, 두 개의 작품을 전시하고 있는 듯했다. 전시관의 내부는 백색의 벽으로 둘러싸인 완벽한 무대가 되어 관람자가 수련이 가득한 지베르니를 실감할 수 있게 했다. 관람객은 타원의 중심에서 벽 전체의 파노라마 풍경을 감상하며 화가가 그렸던 시공간의 감각을 체험하고 있었다.

오래전 플라톤은 모든 예술의 출발점을 '미메시스Mimesis'라고 봤다. 미메시스란 현실의 모방과 재현이다. 이는 곧 모든 예술의 동기가 현실에서 출발한다는 증거가 아닐런지. 그렇다면 예술은 현실을 흉내내어 또 다른 현실을 만들어내는 작업이 된다. 사진이 그렇고 영화가 그렇고 회화가, 조각이, 음악이, 춤이, 그리고 건축이 그렇다. 우리의 현실, 즉 삶의 문제 속에 예술의 본질이 있다는 이야기다.

최근 다녀온 작은 미술관 하나도 그랬다. 서울 근교의 파주출판단지, 넓은 단지 한 귀퉁이에 군더더기 없는 표면으로 매끈하게 휘어진 콘크리트 건축물이 하나 서 있다. 포르투갈의 건축가 알바루 시자Álvaro Siza가 설계한 '미메시스 아트 뮤지엄'이다. 건축의 역할이 사용자가 원하는 쓰임새를 충실히 반영하는 데 있다면, 대체 무슨 이유로 저런 모양을 갖게 되었을까 궁금하게 만드는 집이다. 미술관이라면 주택처럼 일반적인 생활 기능과는 한참 떨어져 있는 쓰임새일 것이므로 특별한 목적 없이 예쁜 모양을 건축가의 감각만으로 만들어 낸 것일지도 모른다. 하지만 내부로 들어가 보면 생각이 달라진다. 외부로 드러난 형태가 다양한 예술 작품을 위한 최적의 전시 공간을 만들고자 했던 의도라는 것을 금세 알 수 있기 때문이다.

동물의 배 속처럼 둥글게 말린 공간은 천장에서 쏟아지는 백색의 산란광으로 가득 차 있다. 벽면에 걸린 캔버스와 홀 중간 중간 놓여 있는 조형물들, 그것을 비추는 균질한 빛의 덩어리. 이것이 사용자를 위해 건축가가 제시한 공간의 실체다.

미술관이 갖추어야 할 가장 중요한 것 두 가지는 작품과 관람객이다. 건축가의 직관은 이 둘을 하나로 묶는 공간 속에 균질한 백색광선을 고루 뿌려주면서 작품과 관람객이 서로 분리되지 않고 일체감을 느끼도록 했다. 그로 인해 작은 문제도 생겼다. 공간이 예술이되니 정작 작품이 잘 보이지 않는 것이다.

미술관은 작품을 보관하고 전시한다. 작품을 통해 관람객이 예술과 친밀하게 소통하도록 하는 게 목적이다. 미메시스 아트 뮤지엄의 휘어진 벽면은 건축가 스스로 최적의 곡선을 찾은 결과다. 각진면이 생기지 않는 공간이어야만 빛이 고르게 방 전체에 퍼져나갈 테니까. 쓸모도 있고 보기에도 좋은 그 선을 찾기 위해 아마 건축가는 여러 번 그리고 또 그렸을 것이다. 직사광선을 천장에서 걸러 고르게 흩뜨리고, 그렇게 가공한 빛은 건축이라는 커다란 그릇 안에서관람자와 함께 호흡하는 감각의 재료가 되었다. 화사한 백색의 공간은 예술 작품을 걸지 않고도 이미 예술이었다.

이 공간은 내게 파리 오랑주리미술관을 떠올리게 한다. 기억의 재현과 모방도 예술의 미메시스라면, 나에겐 두 건축물 모두 예술이될 것인데, 어쩌면 그런 공간은 어머니의 자궁 같은 궁극의 아늑함과 관련 있는 건 아닐지 모르겠다. 알바루 시자가 만들고 싶었던 공간이란 애초부터 그런 원초적 공간이었을 수도 있고.

아쉽게도 건축은 언제나 모방과 재현의 예술이 되기 전에, 먼저 현실이 되어 사람들의 복잡한 일상과 밀착해야 했다. 그러다 보니 예술과는 상관없는 골치 아픈 생활의 문제를 해결하는 데도 숨

미메시스 아트 뮤지엄
by Choi

이 가쁘기 마련이다. 누군가 그런 건축이 예술이냐고 묻는다면 당연히 '응? 뭔 소리입니까?'라고 말할 수밖에. 하지만 건축은 그럼에도 불구하고 간혹 예술이 되기도 한다. 건축가의 합리적인 판단으로 정리되었을 다양한 쓸모를 만족시키는 벽 하나가 건축의 안팎에 산재된 모든 문제들을 부족함 없이 해결한 후, 기대하지도 않았던 특별한 감각과 만날 때, 그것이 기억의 재구성이든 생전 처음 느끼는 드문 감정이든, 우리는 알게 된다. 현실의 건축 안에 예술의 요소가 분명히 존재한다는 사실을.

알랭 드 보통은 『행복의 건축』에서 어떤 장소의 전망이 우리의 전망과 부합될 때 우리는 그곳을 '집'이라 부른다고 말했다. 우리가 건물과 집을 구별해서 이해하는 것처럼, 쓸모와 예술도 구별해서 이해할 수 있지 않을까. 그는 이어서 말한다. 우리에게는 물리적인 집만이 아니라 심리적인 집도 필요하다고. 그런 집이 우리의 약한 마음을 받쳐줄 수 있다고.

건축은 전적으로 예술적 즐거움을 주는 데 의미를 두지 않는다. 그보다 훨씬 더 구체적으로 삶에 밀착되어 있다. 건축이 다른 예술과 조금 다른 점은 현실을 외형으로 재현하는 데에는 별 관심이 없다는 점이다. 외려 건축은 그것을 사용할 생활을 담는 데 주력한다. 물이 필요한 곳에 물을 쓸 수 있게 하고, 전망이 필요한 곳에는 전망을 주고, 휴식이 필요한 곳에 휴식을, 일이 필요한 곳에는 일을 위한 공간을 만든다. 내부에 공간이 만들어진 결과로 외부가 꼴을 갖추게 된다. 안팎의 결과에 모든 사람들이 만족스러워 할 때 건축은

'쓸모 있음'을 넘는 그 이상의 무엇이 되는 건 아닐까.

좋은 건축이란 사용자의 복잡한 요구를 반영하는 데 그치지 않고 정신적 영역으로 나아간다. 그것이 기술로 시작한 건축이 가끔 예술에 맞닿는 이유다. 온그라운드 스튜디오의 원초적 감성을 깨우는 울렁거리는 빛이나 미메시스 아트 뮤지엄의 원초적 백색의 공간은 사람의 마음을 움직인다. 아름다운 건축은 삶이 가진 막연함에 구체성을 부여해주고 지친 열정에 불을 댕기는 것이다. 마치 위대한 예술 작품처럼 말이다. 지루하고 따분해서 죽을 지경인 일상이 종종 예술이 되는 지점에 우리를 상투적인 삶의 테두리 밖으로 벗어나게 하는 건축이 있다. 그때, 건축은 예술이다. 우리의 삶이 예술을 알든 모르든, 원하든 원치 않든 간에.

건축이
예술이
된다면

충정아파트
서대문구 충정로3가

원래 이 책은 친한 벗과 함께 바쁘게 지낸 한 주를 편안하게 마무리하며 건축, 도시에 관해 수다를 떤다는 취지에서 시작했는데, '건축은 예술일까?'도 아니고 별안간 '건축은 예술이다'라고 정의내리다니, 최 소장은 뒷감당을 어떻게 하려고 이런 난해하고 도발적인 발언을 했는지 모르겠다. 어찌나 황당하고 당황했는지 군대 시절 탄띠풀고 초소에 누워 있는데 갑자기 들이닥쳐 식접하게 했던 중대장 얼굴이 떠올랐다(죄송합니다, 중대장님. 그때 많이 놀라셨죠? 저도 많이 놀랐더랍니다). 이번에도 무방비 상태에서 허를 찌르는 문장을 접했는데 건축이 예술인지는 잘 모르겠고, 아무튼 나도 이 글이 끝날 때쯤에는 '인생은 무엇일까?' 정도 되는 질문은 던져야겠다는 생각이 앞선다.

'건축은 예술이다'라는 문장이 성립하려면, 먼저 '건축은 ○○이다'라는 정의가 있어야 하고, 다음에는 예술은 무엇이라는 결론을 내린 뒤, 둘을 비교하여 답을 얻어야 한다. 하지만 그러고 나서도 건축은 예술이다 혹은 아니다의 결론을 선뜻 내리기 어렵다.

이런 어려운 질문은 혼자서 감당할 수 없는 법. 우선 건축에 관한 책들을 살펴봤다. 한국 건축계의 원로이신 김원 선생은 『건축은 예술인가』라는 책에서 건축은 예술이 아니라고 정의한다. 건축은 원래 감동을 주기 위해 만들어지는 게 아니라는 것이 그 이유다. 하지만 최부득 선생은 자신의 저서 『주머니 속의 건축』에서 건축은 예술이라고 주장한다. 나아가 건축이 예술이기를 포기하면 그건 매우 슬픈 일이라고까지 말한다. 또 다른 의견으로 박준현 교수는 건축은 그것이 놓인 맥락에 따라 예술일 때도 있고 아닐 때도 있다고 말한다. 마르셀 뒤샹이 변기를 미술관에 놓는 순간, 이전에는 한낱 공산품이었던 사물이 놓인 맥락이 변하자 예술품이 되었다는 것이다. 건축물을 미술작품과 등가로 볼 수 있는지는 잘 모르겠지만 그럴듯하다.

이상의 내용이 공식적인 견해라면 실무를 처리하는 사람들의 생각은 어떨까? 저녁을 먹으며 동료들에게 물어보았다. 건축은 예술일까? 사실 설계일로 야근하는 사람에게 묻기 적당한 질문인지 몰라 망설여졌다. "그럼 지금 김치찌개 먹고 예술 하러 사무실로 들어가는 건가요?" 하는 짜증 섞인 반문이 나올 것 같아서. 그날의 반응은 다음과 같다.

김 소장: 잘하면 예술 못하면 아님. (그녀는 대학원 시절 모 교수의 말을 그대로 전했다. '접시닭이도 경지에 오르면 예술이다.')

안 부소장: 자본에 종속되어 더는 예술이 아니다. 우리 시대 예술이라고 부르는 건축물은 자본의 스펙터클일 뿐이다.

인턴: 예술이다. 말로는 설명 못 하겠지만.

기타: 몰라요. 짜증나려고 그래. (등등.)

인터넷 서점을 뒤져보면 교보문고에서는 건축이 기술공학 분야에 있고 알라딘에서는 예술분야에 있다. 위의 의견들을 종합하면 '건축은 대체로 예술이며, 또는 예술인 것 같으며, 동시에 예술은 아니다'로 모인다. 이게 뭔 소리인가 하겠지만, 한마디로 건축이 예술인지 아닌지 아리송하다는 말이다. 지금 이 글을 읽는 독자 중에 고작 잘 모르겠다는 얘기를 장황하게 세 페이지에 걸쳐 하고 있느냐고 비난할 분도 있을지 모르지만, 이 질문은 제가 던진 질문이 아니에요. 저도 피해자예요. 저한테 왜 그러세요~!

이쯤에서 나는 부끄럽게도 이 질문에 제대로 된 답을 내놓을 만한 능력이 없음을 고백해야겠다. 그나마 위로가 되는 것은 인터뷰(?) 와중에 툭 튀어나온 의견 하나가 머릿속에 남았다는 사실이다. 그건 바로 "건축이 예술인지 아닌지 뭐가 중요해"라는 의견이다. 내게는 그 말이 가장 마음에 와 닿았다. 그러게, 건축이 예술이건 아니건 사실 그게 뭐가 그리 중요한가. 그리고 그런 질문은 소설가 김중혁의 말처럼 질문 자체로만 성립되는 물음이다. 의견은 있지만, 답은 없다. 아니 없을 수도 있다. 하지만 좀 더 고민하다 보면 있을 것 같기도 하고 또는 있기도 한 동시에 없는…… 뭐 그런 게 아닐지. 그러니 이제 이런 칙칙한 얘기는 접어두고 좀 더 발랄한 질문을 던져 보도록 하자.

건축이 예술인지 아닌지가 중요하지 않다면 뭐가 중요할까? 내 생각에 건축을 예술이라 부르든 그렇지 않든 간에 변치 않는 사실이 하나 있다. 바로 건축은 사람을 담기 위해 존재한다는 것이다. 이때 사람은 추상명사로서의 '사람'이 아니라 구체적인 물질명사로서의 '사람'이다. 밥 먹고 사랑을 나누고 싸우고 똥을 싸는 그런 사람

말이다. 그러면 이제 질문은 '건축은 예술일까'에서 '건축은 어떻게 사람을 담고 있을까'로 바뀌고, 작품으로서의 건축보다 삶을 담는 존재로서의 건축이라는 측면에서 주변의 공간들을 보면 어떨까 하는 제안을 던질 수 있으리라. 건물이 명품 슈트처럼 쫙 빠졌든, 오래 입어 늘어진 티셔츠처럼 후줄근하든 말이다.

여기 무려 80년 동안 사람을 담아내고 있는 공간이 있다. 건물이 80년 정도 되면 한국에서는 대략 원래 기능을 다하고 문화재에 속해서 전시 공간으로 활용되거나 헐려서 역사의 저편으로 가는 게 상식인데, 이 건물은 아직도 현역이다. 서울시 서대문구에 있는 충정 아파트 얘기다. 80년의 세월을 상상하기에는 너무 어려서(?) 직접 가보기 전에는 대체 어떻게 생겼는지 떠올리기가 힘들지도 모르겠다. 80년 전에는 아파트를 어떻게 만들었을까?

칙칙한 녹색 옷을 입은 건물의 출입구로 들어서면 로비라고 부르기 머뭇거려지는 공간이 사람을 맞는다. 벽에는 과거 화려했던 시절의 사진이 몇 장 붙어 있다. 사진을 보고 있자니 예전에 배우 김수미가 출연한 토크쇼에서 그녀의 젊은 시절 사진들을 보고 입이 떡 벌어졌던 기억이 난다. 로비를 지나 1980년대 홍콩 B급 영화의 감수성을 불러일으키는 낡은 중정—이 건물은 중정을 둘러싸고 실室들이 배치된 5층 규모의 블록형 아파트다—에 이르니, 건물에 대한 즉각적이고도 결정적인 감상평 한마디가 나도 모르게 입 밖으로 튀어나왔다. 하나의 문장도, 단어도 아닌 그저 감탄사 '아!' 만일 감탄사에

충정아파트
by Cha

출정아파트
by Cha

인색한 삶을 살아온 이라면 서울시 서대문구 충정로 2가 250–7번 지 건물의 중정에서 하늘을 올려다보시라. 그러면 그 멜랑콜리하면 서도 깊은 애환이 서린 '아'라는 감탄사가 갖는 다층적인 의미를 알 게 될 것이다.

나는 그날 그저 '아'와 '오' 같은 감탄사를 질질 흘리면서 복도와 계단을 돌아다녔다. 감상평을 쓴다면 원고지를 모두 '아······아······ 오······오······'로 채워야 하겠지만 그랬다가는 책은 내지도 못하고 잘 릴 테니 그저 몇 마디 덧붙이자면, 처음 중정에 들어섰을 때 문득 손에 비유되는 건물이 있다면 그게 충정아파트가 아닐까 싶었다.

손바닥만 한 중정에는 한때 난방을 위해 열심히 연기를 피워 올 렸을 굴뚝이 꼬질꼬질한 중지中指가 되어 손톱같이 작은 하늘에 욕 세리머니를 날리고 있고, 벽 위의 페인트는 습진 걸린 손처럼 까슬 까슬하게 벗겨져 있다. 후줄근한 손금처럼 펼쳐진 복도에는 녹슨 자 전거, 욕조, 페트병 등 삶의 잡동사니들이 쓸쓸하게 뒹굴었다. 마치 달동네 뒷골목을 5층으로 쌓아올린 것 같다. 한참을 보고 있자니 한숨이 절로 나온다. 80년을 산다는 것은 결국 그저 때 묻은 손 하 나를 갖는 일인가? 하지만 처음 충정아파트가 태어날 당시에는 지금 과는 많이 달랐다.

때는 1930년. 철근 콘크리트와 연와 등의 건축물이 날 좀 보소 하는 자태로 그 위대한 형체를 쌓아올려, 서울 도처에 강철의 거리 를 이루고 있던 시절, 도요다아파트(현 충정아파트)가 태어났다. 당시 극심한 주택난으로 몸살을 앓던 경성에서 4층짜리 신식 아파트는 선망을 넘어선 환상에 가까웠으리라. 그렇게 화려한 젊은 한때를 보내던 이 신식 주거지도 한국전쟁이라는 역사의 소용돌이 속에서 아파트 지하실은 주민 학살 장소로 쓰였는가 하면 수복 후에는 유엔 전용 호텔로 사용되면서 주말마다 옥상 파티가 열리곤 했다고 전한다. 아래에서는 사람이 죽고 위에서는 춤판이 벌어지는 아이러니를 담고 있는 건축물인 셈이다.

건물은 1961년 5.16 이후 여섯 아들을 모두 전쟁 때 잃었다고 주장하던 김병조에게 불하되었다가 그의 주장이 모두 거짓으로 밝혀짐에 따라 다시 국가에 몰수되었다. 1978년 충정로 확장에 따라 건물 일부가 헐리고 몇몇 주인의 손을 거치며 우여곡절을 겪은 끝에 마침내 서울시는 2009년 충정아파트를 철거하고 21층 높이의 주상복합건물을 세운다는 '마포로 5구역 제2지구 도시환경정비계획안'을 승인했다. 결국, 이 건물도 이렇게 역사의 뒤안길로 가는구나 했는데, 비록 늦기는 했으나 최근 소문에 의하면 서울시는 미래유산보존에 관한 조례 제정을 통해 충정아파트를 포함한 근대 건축물을 보전한다고 한다. 과연 극적인 반전이 가능할 것인가. 지켜볼 일이다.

만일 충정아파트가 극적으로 살아남는다면 80년이나 된 근대건축물이라서가 아니라, 80년 동안 거쳐 간 수많은 김씨, 박씨, 최씨, 이씨 들의 기억과 보증금 3,000만 원에 월세 50만 원으로 살아가는 현재진행형의 구체적인 삶을 담고 있기 때문일 것이다. 그리고 미약하나마 건물의 예술적 가치를 인정받는다면 OECD 국가 중 자살률

1위, 노동시간 1위인 대한민국에서 악착같이 일하고, 세금 내고, 애 키우고, 울다가 웃다가 살아가는 이들의 삶이 예술이기 때문이라 믿는다. 건축은 바로 그 삶을 담는 그릇이니까.

망망대해에

홀로 뜬
여객선처럼

세운상가
종로26길-퇴계로41길

역시나, '건축은 예술일까'를 쓰면서 슬쩍 불안하긴 했다. 얼마나 말 꼬리 잡기 좋은 주제인가. 소설가 김중혁의 주장처럼 질문으로 의미가 있는 말을 주제로 글을 쓴다는 건 자폭이나 다름없다. 그럼에도 한 번은 쓰고 싶었다. 그래서 일단 허공에다 물어본 것이고, 내 결론은 건축은 예술이다, 라는 것이다. 물론 종종, 가끔, 당신이 알건 모르건, 어쨌거나 등등…… 조금 비루한 단서들이 붙긴 했지만.

그런데 차형은 원로 선생님 말씀 뒤로 도망가고 다른 훌륭한 건축가들 뒤로 숨고 술자리 동료들의 푸념 같은 이야기에 묻어가더니 결국 그러거나 말거나 뭐가 중요하느냐고 반문한다. 그러면서 건축이란 삶을 담아낼 때 비로소 예술이 된다나 뭐라나. 이럴 줄 알았지, 여우같은 인간. 그래서 나도 절친한 지인 김모 씨에게 물었다. "저기요, 건축은 뭘까요?" 김모 씨가 말한다. "건축 말입니까? 건축은 삶을 담는 그릇이지요." 참고로 김모 씨는 건축가도 아니고 건축주도 아니고, 세일즈를 업으로 하는 평범한 직장인이다. 그런데 그의 입에서 건축이 삶을 담는 그릇이라는 매우 흔한, 하지만 인문학적이며 모든 건축적 교양이 응축된 바로 그 유명한 정의가 튀어나온 것이다. '건축 그거 대충 공구리치면 되는 거 아님? 설계는 머꼬?' 하던 그가 말이다.

건축이 삶을 담는 그릇이라는 그의 천연덕스러운 정의는 백번 지당한 만큼 지루하고 형식적으로 들리는 말이기도 해서, 자칫 우리의 삶이 그렇게 지당하고 지루하게 흘러가면 어쩌나 염려가 될 만큼 상투적인 정의이기도 하다. 가끔 술자리에서 건축은 삶을 담그는(?) 그릇이라는 한심한 농담으로 좌중을 숙연케 하는 젊은 건축가들이 여전히 심심치 않게 보이는 걸 보면, 담기는커녕 담그지나 않으면 다행인 것이 현실의 건축인 것이다.

일찍이 20세기 건축의 거장 르 코르뷔지에는 현대 건축을 여객선과 같다(같다고 했는지 닮았다고 했는지 같아야 한다고 한 건지는 정확히 잘 모르겠지만)라고 했다. 이 말은 또 뭔가, 건축이 노아의 방주도 아닌데. 지구 전체가 물바다가 돼버린 구약 시대라면 배가 건축의 역할을 했을 것이다. 그 안에서 먹고 자고 싸고 사랑하고 인간이 생명을 유지하는 데 필요한 온갖 삶이 펼쳐졌을 테니까. 게다가 동물들도 가득 탔다고 하니, 실로 인간과 동물이 하나의 생태계를 이루어 지지고 볶으며 살아갔을 것이다. 얼어붙은 지구를 뱅뱅 돌며 달리는 설국열차처럼.

르 코르뷔지에가 말한 여객선의 실체는 20세기 초에 출현한 거대한 선박으로 대양을 가로질러 대륙과 대륙을 넘나들던 바다 위의 도시다. 예컨대, 삶을 유지할 수 있게 하는 기계로서의 건축, 삶을 위한 모든 것이 집약적으로 갖춰진 생활 기계인 것이다. 당시 발명된 배, 비행기, 자동차 등을 통해 현대 문명의 기세를 읽었고 미래를 예측하려 한 건축가가 고민한 것은 결국 새로운 삶을 담는 건축이었다.

르 코르뷔지에가 여객선에서 모티프를 따온 건축이 프랑스 마르세유에 있다. 1952년 지어진 유니테 다비타시옹(이하 '유니테')이라는 주상복합 빌딩이다. 키가 큰 배의 형상을 닮은 이 집은 땅에서 건물을 들어 올린 필로티 구조로 자연과 건물을 분리시켜 1층을 외부 보행 공간으로 만들었다. 길이 130미터, 높이 56미터의 콘크리트 덩어리는 다양한 주거의 기능을 담는다. 독신부터 대가족까지 선택적으로 거주 가능한 23개의 서로 다른 평면의 아파트 337세대가 그 안에 있다. 덩어리의 중간층에는 식료품 상점, 호텔 객실, 세탁소, 약국 등의 근린시설이 있고, 옥상에는 유치원, 수영장, 카페테리아, 저수 탱크, 환기탑, 300미터의 조깅 트랙과 정원이 있다. 이런 상태로 바다에 띄울 수 있다면 말 그대로 대형 여객선처럼 장기간 바다를 떠다니는 도시가 될 기세다.

하지만 건축은 여객선이 아니다. 여객선은 바다 위라는 특수 환경에 맞춰진 임시적 삶을 위한 운송 기계지만 건축은 땅을 딛고 정주하는 인간을 위해 자율적인 일상의 공간으로 존재한다. 여객선의 승객은 여객선 밖으로 이탈할 수 없다는 약속을 통해 제한과 통제가 존재하는 타율적 공간에서도 집약된 기능에 만족하며 어느 정도의 행복감을 느낄 수 있겠지만 건축은 그렇지 않다. 결국 르 코르뷔지에의 여객선 같은 유니테가 인간에게 그리 만족을 주지 못한 것은 거주공간을 단순히 삶을 위한 인공적 환경의 일부로 생각했기 때문이 아닐까 싶다.

어쨌든 자동차가 주인이 되는 미래도시에 건축은 도로 위에 떠있는 배가 되어야 한다는 르 코르뷔지에의 신선한 아이디어는 유니테를 통해 세계 곳곳에 새로운 메시지를 전했다. 전쟁 이후 대형 건축물을 통한 재건에 몸살을 앓던 1950~60년대의 시각에서 보자면 매우 흥미로운 메시지가 아니었을까. 크고 새로우며 미래를 약속하는 것 같은, 현대적 기념비를 궁리하고 있던 작은 개발도상국 권력자의 눈에는 더욱더 그랬을 테고.

권력자: 땅은 좁고 사람은 많고, 앞으로 자동차도 계속 늘어날 텐데. 뭐 좋은 아이디어 없을까?

건축가: 땅은 자동차에 줘버리고 모든 시설을 갖춘 도시 같은 건축을 공중에 지으면 됩니다.

권력자: 뭐라, 그게 가능해?

건축가: 가능하지요. 그렇게 되면 사람들은 자동차와 분리된 공간에서 세련되고 우아한 삶을 영위할 수 있습니다. 땅 위의 도로는 기능적 효율을 위해 회로기판의 전선 같은 역할을 하구요. 사람은 땅을 자동차에 양보하는 대신 쾌적한 공중의 인공 영토를 얻게 되는 것이지요.

권력자: 오호라!

토지 효율을 2배로 높이며 현대적인 삶을 즐기는 완벽한 도시가 눈앞에 있었다. 건축이 사람을 담는 그릇이라는 정의를 고분고분 잘 따르면서도 첨단의 건축적 성취를 노릴 수 있었던 대형 주상복합 빌딩에 대한 아이디어. 삶에 필요한 것이 다 갖춰진 엄청난 규모의 콘크리트 슈퍼 블록으로 남산과 종로의 남북축을 이으며 동서를 가르는 성처럼 우리 앞에 등장한 건물이 있다. 바로 건축가 김수근의 설

세운상가
by Choi

세운상가
by Choi

계로 1968년에 완공된 세운상가다.

　30대의 패기만만한 건축가 김수근과 당시 서울 시장이었던 불도저 김현옥. 두 남자는 변변한 포장도로 하나 없던 척박한 서울을 진단하고 곧장 매스를 들이대어 새살을 붙이기로 했다. 남산 자락과 종묘를 잇는 거대한 판자촌 블록. 세운상가 이전 속칭 '종삼'이라 불리던 이 지역은 제2차 세계대전 당시 군사 목적으로 일제에 의해 집들이 강제로 철거된 지역이었다. 사실 종묘는 조선왕조의 신주를 모신 곳이고 남산은 풍수적으로 조선 도읍이었던 서울의 기가 모인 중요한 지역으로 여겨졌다. 그런 곳에 일제는 말뚝을 박고 신사를 세우고 절묘하게도 남산과 종묘를 잇는 상징적 축 위에 군사용 소개 공지를 마련했다. 소개 공지는 전쟁 중 폭격으로 인한 화염 확산을 방지하기 위해 마련하는 전술적 공터인데 그곳에는 아무것도 지을 수 없고 언제든지 군사 목적으로 사용 가능하니, 황폐화를 위해서는 이보다 더 좋은 아이디어는 없었을 것이다. 이후 일제 패망과 한국전쟁을 겪으며 공터에는 떠돌이 이주민들이 자리 잡기 시작했고 점차 판자집과 집창촌으로 자연 취락이 형성되면서 서울의 골칫거리가 되었다.
　1960년대는 군부정권 주도로 근대화 조급증(물론 얼른 잘 살아보자고 한 것이겠지만)에 시달리던 시대였다. 현대화와 발전이라는 큰 슬로건만 만족되면 오래된 지역은 뭐든 쓸어버릴 수도 있었다. 가난하고 남루한 풍경들을 치워버리고 싶었던 권력자는 이제껏 본 적 없는 크고 늠름한 건축을 상상했을 것이다. 새 시대를 향한 기념비적인 건축. 그런 건축이야말로 지긋지긋한 과거를 지워버리고 새로운 미래로 나아가는 것이라고 생각했을지도 모른다.

그리고 공교롭게도 당시 패기만만했던 젊은 건축가 김수근은 세계적 건축 거장 르 코르뷔지에의 아이디어를 연상시키는 거대한 슈퍼 블록을 제안한다. 인공 대지 위에 세워질 최신식(?) 맨션, 소란스러운 지면과 분리된 쾌적한 옥상 공간, 학교와 파출소, 소방서까지 갖춘 완벽한 시설의 작은 도시. 전자식 엘리베이터, 자연광이 쏟아지는 아트리움, 자동차를 위한 필로티 공간 등 당시로서는 듣도 보도 못한 기술로 치장한 건축이었다. 한번 들어가면 나올 일이 별로 없을 대형 여객선을 연상시키는 주상복합 빌딩. 김수근은 이 건축물을 통해 대도시 서울이 추구해야 할 미래의 비전을 보여주고 싶었던 것이었으리라.

그러나 한때나마 유명인과 고위층의 사랑을 한 몸에 받던 고층 맨션은 70년대 아파트 열풍이 불면서 외면받기 시작했고, 사람이 빠져나간 거주공간은 빠르게 슬럼화되었다. 전자상가로 호황을 누리던 세운상가 역시 1987년 용산전자상가의 등장 이후 쇄락의 길을 걸었다. 현대적인 대형 건물 한두 개만 있으면 서울도 빠르게 현대도시의 면모를 갖추게 될 거라는 천진난만한 꿈을 꾸던 시절, 도로부터 정비하고 인프라에 힘쓰느라 시간을 보내는 대신 차라리 정리 안된 1층 도로 공간을 자동차에 줘버리고 사람은 콘크리트 공중 가로에서 깨끗하게 살면 된다고 여긴 것이다. 하지만 그것은 도시의 복잡한 삶을 '현대'라는 추상적 이미지 속에 구겨 넣으려는 조급한 계획이었다. 시설만 잘 갖추면 사람이 그 안에서 어떡하든 행복하게 살 수 있을 것이라 기대했지만 실상은 그렇지 않았다. 사람은 우악스러운 공간에서 좀체 정을 붙이지 못했고 사람이 떠난 건물은 너무 쉽게 낡고 너무 빠르게 폐허로 변해갔다.

2005년 당시 서울시장은 1킬로미터에 달하는 세운상가를 철거하고 녹지를 만들겠다는 계획을 발표했다. 또 말끔히 청소하듯 치워져 공터가 될 운명의 기로에 선 것이다. 같은 땅에 밀고 짓고만 세 번(삼세판도 아니고)이니 팔자가 센 땅이다. 하지만 사업성 실현 논란과 각종 민원에 계획은 표류를 거듭했고, 최근 철거가 아닌 '존치 후 보수'로 최종 가닥이 잡혔다. 45년 묵은 이 건물은 소개 공지 이전 서민들의 삶과 전쟁 후 판자촌으로 가득했던 고단한 일상을 품고 근대화를 통해 콘크리트 화석이 되어 현재에 이르렀다. 이쯤 되면 건물이 아니라 근대화의 유적이라 불러도 좋지 않을까. 시대의 고단함을 고스란히 보여주는 거울 같은 장소 말이다. 시간이 많이 걸리더라도 천천히 다듬어 사람을 담그지 않고 잘 담을 수 있는 진정한 삶의 공간으로 바뀌기를 바란다.

45년 전 김현옥 서울시장은 '세운世運'이라는 이름을 지으며 '세상 온갖 좋은 기운'이 이 건물에 모이길 바랐을 것이다. 삶을 잘 담아내는 건축은 가끔 사람을 닮아가기도 한다. 지나온 과거의 치부를 들킬까 싶어 부끄러운 심정으로 저 큰 건물을 거울에 비친 자신 보듯 안쓰럽게 보는 지금, 우리 시대의 마음이 보인다. 내 상처 마음에 안 든다고 거울을 부수는 일은 이제 그만할 때도 되었다.

일 더하기
일은

이가
당연하듯이

서대문형무소 역사관
서대문구 통일로 251

'건축이 예술인 게 뭐가 중요해, 건축은 삶을 담는 그릇이야'라는 말을 했다가 최 소장한테 여우 같다는 소리나 듣고. 네, 졸지에 여우가 된 건축가입니다. 우리 애는 저보고 강아지라고 하더군요. 띠는 개띠. 그럼 적어도 진돗개 정도는 되어야할 텐데, 건축은 예술인가 아닌가에 답을 내놓지 않고 이 사람 저 사람에게 물어보다가 그만 여우가 됐습니다. 뭐, 이미 곰이 100일 동안 마늘과 쑥만 먹고 사람이 된 선례도 있으니 저도 채식 위주의 생활을 하다 보면 언젠가는 사람이 될 수 있겠지요. 특히 마늘이라면 항암효과도 좋다고 하니 한 가마니 정도는 어떻게 해볼 수 있지 않을까 싶습니다.

아무튼, 여우가 된 마당에 한마디 덧붙이자면 1+1=2라는 사실, 또는 공리를 배운 후 우리는 얼마나 많은 계산을 해왔습니까? 대학 시절, 태어나서 풀어본 수학 문제 중 가장 복잡했던 2차 미분방정식, 연습장을 펼치고 왼쪽 페이지 귀퉁이부터 문제를 적어 나가면 다음 페이지 오른쪽 아래 귀퉁이에나 답(또는 오답)을 쓸 수 있었던 그 문제를 감당할 수 있던 것도 모두 '1+1=2'라는 공리를 지겨워하지 않고 착실히 익혔기 때문이겠지요. 만일 초등학교 6학년쯤 돼서 '아 지겨워. 이제는 '1+1=3' 정도는 되어야 세상이 좀 살맛 나지 않을까 했다면 대학원까지 나와서 건축이나 할 수 있었겠습니까? 그러니 건축은 삶을 담는 그릇이라는 공리 같은 명제가 비록 뻔하다고 최 소장이 식상해하거나 지루해하지 않았으면 합니다. 사실 기본 공리라는 것은 건축에서 벽돌 같은 것 아니겠습니까? 하나씩 쌓다 보면 응용하는 사람의 능력에 따라 예술도 될 수 있고 평범한 집도 되겠지요. 일찍이 이런 사실을 알아차린 어린이들은 '1+1=2' 명제를 가지고도 지루하지 않게 놀 수 있다는 걸 보여주었습니다. "1+1은 귀요미, 2+2는 귀요미, 3+3은 귀요미……." 이 노래의 핵심은 댄스죠. 보여줄 수 없어 답답합니다만, 최 소장도 애 키우고 있을 테니 잘 알 겁니다. 아직 애들이 자지 않으면 귀요미 노래나 함께 부르며 건축은 삶을 담는 그릇이라는 명제를 가지고 지금 진행하는 설계를 어떻게 풀어나가면 좋을지 고민해봤으면 합니다.

저로 말할 것 같으면 기본 명제를 하나씩 쌓아올리는 건축을 어찌나 충실히 해왔는지, 누가 좋아하는 건물이 뭐냐고 물을 때면 피라미드라고 말할 지경입니다. 돌을 족히 200만 개는 넘게 쌓았다고 하는데, 역시 그 정도는 쌓아줘야 맛이 나지요. 안타깝게도 우리나라에서는 그런 예를 찾아보기가 힘듭니다. 돌이라는 것이 좀 무거워야 말이죠(유사하게라도 뭔가 쌓은 것을 보시겠다면 서울 성곽을 추천합니다).

쌓기 방식으로 돌보다 눈에 쉽게 들어오는 것이 벽돌 건물입니다. 벽돌 건물 역시 제가 좋아하는 스타일입니다. 그중에서도 손끝에 까끌까끌한 느낌이 묻어나는 붉은 벽돌 건물을 좋아합니다. 그런 건물을 손으로 만지다 보면 뭐랄까, 건물과 대화를 나누는 기분이랄까요. 특히 오래된 건물이라면 살아온 이야기까지 나눌 수 있지 않을까 하는 생각마저 듭니다.

건물과 수담手談을 나누는 것이 유별나다고 여기는 분들이 계시겠지만, 많은 건축가가 건물을 만지작거리며 대화를 나눕니다. 제가 좋아하는 작가이자 건축가인 나카무라 요시후미中村好文도『집을 짓다』라는 책에서 건물을 만지며 이야기를 나누더군요.

붉은 벽돌 건물 중 수담을 나눌 만한 것으로 서대문형무소 역사관이 기억에 남습니다. 그때가 언제던가요. 아마도 8월 15일을 향해 가던 여름인 듯합니다. 특별히 애국심이 출중하다고 할 수는 없지만, 대한민국 축구 경기가 있는 날이면 낡은 'BE THE REDS'(이 문장을 볼 때마다 빨갱이가 되자고 읽히는데 다른 사람들은 어떤지 모르겠습니다)가 쓰인 티셔츠를 입고 텔레비전 앞에 앉아 있을 정도의 애국심은 있다 보니 광복절 언저리에 어디 가볼 만한 곳은 없을까 찾게 되었습니다.

처음에는 천안 독립기념관에 갈까 했습니다. 그러다 독립기념관 내 겨레의 집이 '길이 126미터, 폭 68미터의 축구장만 한 크기로 높이는 15층 높이(45미터)에 이르는 동양 최대의 기와집이며, 북경의 천안문보다 더 크다'라고 자랑스럽게 쓴 소개 글을 보고 마음을 접었습니다. 왠지 이곳에 가면 애국도 동양 최대로 해야만 할 것 같아 엄두가 나질 않더군요. 그러던 어느 날 도서관에서 관련 자료를 찾아 읽다가 이진아 기념도서관을 보게 되었습니다. 젊은 나이에 사고로 숨진 딸을 위해 아버지가 세운, 애틋한 사연이 깃든 도서관입니다. 그런데 제게는 사진 속 도서관보다 옆에 있던 붉은색 벽돌 건물이 눈에 들어오더군요. 네, 맞습니다. 서대문형무소 역사관입니다. 개관했다는 얘기를 듣고 가봐야지 생각만 하고 있었는데, 건물의 이미지

서대문형무소 역사관
by Cha

가 꽤 인상적이었는지 'BE THE REDS' 정도의 애국심만으로는 도 저히 움직이기가 힘든 계절임에도 불구하고 다음 날 당장 서대문형 무소 역사관을 찾았습니다.

조용히 붉은 담벼락의 기억을 더듬어볼 요량으로 아직 문도 열 지 않은 아침 9시에 형무소 담벼락 앞에 도착했습니다만, 예상과는 달리 형무소 앞은 이미 단체 관람을 온 여학생들이 점령했더군요. 애국이란 아침잠보다 힘이 세고 이팔청춘의 수다보다는 한 수 아래 였습니다. 시끄러웠습니다. 여기서 건물 여기저기를 쓰다듬고 다니 면서 담벼락을 지그시 쳐다보면 내가 저 재잘거림의 중심에 설 것 이 분명해 보였습니다. "어머 저 아저씨 좀 봐. 뭐 하는 거야?" "벽 에 뭐 붙어 있니?" "몰라 그냥 변태인 것 같아" 하며 나를 정신 나간 사람으로 보지 않을까 머뭇거리는 사이, 문이 열리고 나는 어…… 어…… 하면서 그냥 떠밀려 전시관으로 들어갔습니다.

서대문형무소는 1908년 경성감옥으로 시작해 1987년 경기 의왕 시로 옥사를 이전하기 전까지 근현대사 속 인물들이 수감, 처형된 곳입니다. 일제강점기에는 한용운, 유관순 의사 등 5,000명이 넘는 독립운동가들이 투옥되어 고초를 겪었습니다. 1987년 형무소 이전 후 독립공원으로 조성되어 옥사 7개 동, 사형장, 보안청사, 담장 일 부만이 남고 모두 철거되었는데 그곳에 독립관이 복원되고, 3.1독립 선언 기념탑이 옮겨 오고, 순국선열 추념탑까지 추가되었습니다. 전 시관으로 사용되는 보안청사 지하에는 애국지사들이 고문당하는 장면을 인형으로 재현해 놓은 고문 체험장까지 들어섰습니다. 고문 장면을 보고 있자니, 처음에는 못에 엉덩이가 찔릴 때 얼마나 아팠을까 싶었습니다. 그러다가 손톱 찌르기 고문 도구를 보자 말문이 막혔고 거꾸로 세워 코에 물을 넣는 장면에 이르러서는 고개를 돌려버렸습니다.

옆에서는 '대한 독립만세'를 외치는 여인의 목소리가 낮설게 울려 퍼지는데, 우리 애국 여학생들은 고문 도구를 배경으로 기념 촬영을 하느라 바쁩니다. 사진 한 장 찍고는 머리 위에 올린 고문 도구가 얼마나 예쁘게 나왔는지 서로 확인합니다. "야, 여기 잘렸잖아." 이래도 되는 건가 싶기도 하고 엽기적인 테마파크에 온 것 같아 씁쓸한 기분이 들었습니다. 아픈 역사를 기억하는 방식이 이런 방법밖에는 없는 것일까요?

밖으로 나와 쨍한 햇볕 아래 붉은 건물 사이를 지나다가 머뭇거리며 옥사 건물 벽에 손을 가져가 물어보았습니다. 수십 년간 당신은 무엇을 보았고 내가 기억해야 하는 것은 무엇인지를. 손끝에 까칠한 검붉은 벽돌의 질감이 묻어났습니다. 세월에 패인 자국과 보수의 흔적들. 백화 현상으로 얼룩진 벽은 마치 통곡의 흔적 같았습니다. 죄수들의 노역으로 만들어진 붉은 벽돌에는 선명한 京(경) 자가 영원히 사라지지 않을 낙인처럼 찍혀 있었습니다. 초여름 햇살에 달궈진 건물의 뜨거움이 느껴졌습니다. 열기는 62호 독방에 갇혔던 김광섭 시인이 외로움에 떨고 있을 때, 사형 집행을 앞둔 수감자가 두고 온 아이의 이름을 허공에 쓰고 있을 때, 수많은 독립운동가들이 육

서대문형무소 역사관
by Cha

체적 고통으로 모든 것을 되돌리고 싶은 갈등으로 괴로워하던 그때도 이렇게 뜨겁게 달아올랐겠지요.

역사관 관람 동선의 끝에는 사형장과 그 바로 옆에 높이 솟은 미루나무가 있습니다. 사람들은 여기서 정호승 시인이 사형 집행이 있던 날이면 애써 눈물을 감춘 채 울지 말고 잘 가라며 바람에 몸을 맡겼다고 노래한 미루나무를 푸른 하늘을 배경으로 사진에 담곤 합니다.

서대문형무소의 붉은 벽이 들려주는 이야기는 역사를 기억하는 방식에 관한 것이라고 믿습니다. 단순히 과거의 재현을 통해 엽기적인 테마파크를 만들어 기념사진의 배경으로만 남는 역사가 아닌 그 시대의 아픔을 공유할 수 있는 방식 말입니다.

혹시 최 소장이 다녀왔는지 모르겠습니다. 안 다녀왔다면 이 기회에 서대문구 현저동 101번지에 가서 붉은 담벼락을 손으로 더듬으며 걸어봤으면 좋겠습니다. 그러면 세월을 견뎌낸 붉은 담벼락이 이런 이야기를 건네주지 않을까 싶습니다.

"건축은 말이야 삶을 담는 그릇이야. 기본에 충실해야지."

많은
날이

지나고

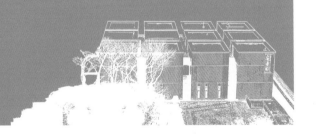

안중근의사기념관
중구 소월로 91

여름날 휴일 오후, 떼 지어 놀러온 재잘대는 여학생들과 서대문형무소의 그 싸늘한 역사의 현장을 함께 탐색하게 된 차형의 난감한 모습을 상상하니, 음……. 게다가 형무소 담벼락과 수담하며 알 길 없는 미소를 지으며 역사를 기억하는 방식에 대해 고민했다니 새삼 그의 애국심에 고개가 숙여지는군요.

아저씨 혼자 그런 곳을 돌아다니는 경우가 흔치 않은 풍경이겠지요. 행여나 그런 아저씨를 보고 저 수상한 인간은 대체 뭘까 하고 생각한들 그게 어디 구김살 없고 풋풋한 그녀들 탓이겠습니까. 아무튼 '아저씨와 소녀들 그리고 서대문형무소'라는 그림을 떠올려보면 분위기 참 이상하긴 했을 것 같습니다.

나라 없는 이들의 비극을 품고 있는 서대문형무소를 발랄한 사춘기 소녀들과 둘러봤다는 차형의 글을 읽으니 문득, 나도 잊고 있던 10대 시절의 풋사랑이 떠오르기도 하면서 과거와 현재를 만나게 하는 공간에 대해 생각하게 됩니다. 말하자면 기억의 공간학이랄까요.

뜬금없이 매우 센티멘털한 벽 하나를 떠올렸습니다. 영화 「건축학개론」에서 여주인공이 어렸을 적 키를 쟀다며 매만졌던 제주도 집의 마당 담벼락입니다. 그 벽은 리모델링을 통해 실내 공간으로 들어오게 되는데, 한 사람의 애틋한 과거가 집의 일부분으로 보존되어 기억과 현재를 이어주는 장면이라 매우 인상적이었습니다. 하지만 첫사랑(게다가 여주인공이 한가인)이 집 지어달라고 십 몇 년 만에 찾아오는 꿈같은 이야기가 과연 가능한 일일까요. 물론 저도 가끔 꿈을 꾼 적이 있습니다. 하지만 꿈은 꿈인 것을. 영화를 보며 역시 '그건 꿈이지'라는 생각이 들더군요.

첫사랑을 클라이언트로 로맨스와 현실이 충돌하는 이런 종류의 프로젝트는 잘해야 본전입니다. 삼촌이나 이모의 집을 지어주는 일, 또는 나를 아들이라 부르는 엄마의 절친이 부탁하신 심부름과 비슷하다고 할까요. 결론부터 말하면 조금이라도 일이 시원치 않으면 관계가 쉽게 악화될 수 있습니다. 욕먹지 않으면 다행이지요. 그러므로 이런 일을 시작할 땐 범인도주의적 관점에서 접근하지 않으면 후에 낙담하게 됩니다. 좋은 일 한번 하자 또는 보시 한번 하자, 하는 수도자의 심정으로 일하는 것이 정신건강에 좋습니다.

멋진 영화를 보며 '아, 저 남자 힘들겠다' '나라면 안 할 텐데 말이야' 등등 쓸데없는 감정이입만 넘치다 보니, 애틋함이 묻어나는 벽은 옛 남자친구의 배려가 돋보이는 감동의 벽이기는커녕 외려 여주인공을 슬픔에 빠뜨리는 나쁜 벽이 될 것이라는 의심만 들더군요. 가뜩이나 여주인공께서는 아버지도 편찮으신 마당에 옛 애인도 결혼한다고 해서 많이 우울한 상황이었으니까요.

영화에 나온 제주도의 집을 보러간 적이 있습니다. 그 집이 건축적으로 어떤지, 설계가 어떻게 되었는지 궁금했다기보다는 영화에서 '집'을 매개체로 이야기를 풀어내던, 과거와 현재를 만나게 하는 디테일들을 직접 실감하고 싶었습니다. 어린 여주인공이 키를 쟀던 벽도 만져보고 굳지 않은 시멘트 바닥을 잘못 밟아 만든 발자국도 확인하고 싶다는 생각이었지요. 하지만 제주도의 그 바닷가를 찾아가 보니 영화 속 집은 온데간데없고 빈 땅만 덩그러니 있었습니다. 아아, 애써 태연한 척했지만 머릿속에서 종이 댕댕 울립니다. 역시 이런 낭만적인 이야기는 영화에서나 가능한 일이로군요. 현실의 그 땅은 사랑스러운 벽도, 예쁜 발자국도, 아름다웠던 첫사랑의 여인도 모두 사라지고 망망대해에 뜬 조각배 같은 장소였습니다. 평소와 다름없이 퇴근해 와서 보니 감쪽같이 내 집이 홀랑 타서 재만 남은 어느 샐러리맨의 심정이었다고 할까요. 텅 빈 마음으로 바다를 바라보니 검은 화산암이 듬성듬성 놓인 가까운 해변 멀리 태평양의 수평선이 길게 드리워졌습니다. 영화에서 집 창밖으로 보이던 광활한 제주도 바다 풍경입니다. 두 남녀는 파노라마처럼 펼쳐진 바다를, 수평선 내려앉은 푸르른 풍경을 한껏 집 안으로 받아들였었지요. 집도 사람도 다 사라지고 터만 남았는데도 영화 속 그 장면이 눈앞에 생생히 펼쳐지는 게 신기했습니다. 집 없이 남은 빈터가 장소의 힘을 더욱 강하게 이끌어주는 건 아닐는지. 오래된 기억을 끄집어내고 싶은 이들에게는 이런 장소가 더 선명한 공간일 수도 있겠다는 생각이 들었습니다. 집이 그대로 있었더라면 이곳은 그저 영화를 기념하는 작은 테마파크에 머물렀을지 모르겠습니다. 하지만 세트는 사라지고 땅만 남으니 영화의 의미를 넘어 좀 더 깊은 각자의 추억과 상상을 끌어내는 장소로 확장되는 것처럼 느껴졌습니다. (현재는 '서연의 집'이라는 카페가 운영 중입니다.)

과거와 현재를 만나게 하는 공간의 형식은 몇 가지 있을 것 같습니다. 과거 자체를 그대로 놔두는 서대문형무소, 의도하진 않았지만 집이 사라진 빈터를 통해 전달하는 선명한 감동의 제주도 그 집, 그런가 하면 마치 기념비 같은 건축물을 통해 은유와 추상으로 함축된 기억을 불러내는 장소도 있습니다. 차형도 무척 좋아하는 남산의 '안중근의사기념관'이 바로 그런 장소입니다.

사실 안중근 하면 뤼순감옥(가본 적은 없습니다만)이 가장 먼저 떠오릅니다. 뤼순이라는 이국적 지명만으로도 처절한 느낌과 상상이 따라오는 공간입니다. 그 탓인지 몇 해 전 안중근기념관을 남산에 짓는다 했을 때, 그런 무겁고 결연한 집이 만들어지겠구나 생각했던 것이지요. 그런데 전혀 예상 밖이었습니다. 기념관은 세련된 비석군이 세워진 듯 조형물에 가까운 형상을 하고 있어서 차형처럼 뭔가 거친 벽과 수담하며 과거를 곱씹는 취미가 있는 분들껜 참으로 유감스러운 집이랄까요.

목멱산이라 불리던 과거의 남산은 남대문과 인접하여 한양의 남측 경계를 담당했습니다. 경복궁 배후에 있던 인왕산과 북한산이 왕조의 정통성을 유지하는 정치적 상징성이 강했던 것과 달리 남산은 한양 남측의 변두리 지역으로서 중인과 서민들의 생활공간이었습니다. 일제가 남산 중턱에 조상신과 전쟁 영웅을 기리는 신궁(1925)을 건립한 것은 어찌 보면 당연한 선택이었습니다. 식민지 백성들의 터전에 식민 정신을 강압적으로 이식할 공간을 만들어 지배를 확고히

하겠다는 뜻이었지요. 같은 맥락으로 남산 동쪽, 지금의 `신라호텔 부지에 있던 이토 히로부미 추모 공간인 박문사(1932)가 건립된 것도 마찬가지의 이유에서일 것입니다. 그런 까닭에 남산과 얽힌 그 시절의 사연들은 애국심 별로 없는 저 같은 이들에게도 움찔움찔 몸에 힘이 들어가게 합니다.

과거 조선 신궁이 있던 안중근기념관의 앞마당, 동행한 딸과 아내는 뭐가 그리 좋은지 이리저리 뛰며 셀카를 찍고 웃음꽃을 피웁니다. 그녀들 뒤편 키 큰 나무들 사이로 콘크리트에 기와를 얹은 예전 안중근기념관이 보입니다. 형태만 만들어내면 전통은 이어진다는 이상한 생각이 상식이었던 한때의 건축입니다. 이 집은 1970년에 대통령 지시로 지어졌다는데 당시를 풍미했던 기와지붕과 콘크리트 벽면의 만남은 지금 봐도 무척 그로테스크한 인상을 줍니다. 만들긴 해야 하는데 마음만 앞서던 1970년대의 시대정신이 느껴지는 집이랄까요. 안중근 의사의 정신이 40년간 저 콘크리트 기와집에 머물러 있었구나 생각하면 마음이 짠해집니다.

두 여자와 함께 기념관 입구 쪽으로 갑니다. 낮은 경사로가 땅 밑으로 들어가면서 공간의 분위기는 자연스레 과거를 지향합니다(땅은 원래 과거니까요). 열두 개의 사각 박스가 가지런히 배열된 형태입니다. 높은 건물에서 내려다보지 않는다면 집의 구성이 어떻게 이루어져 있는지 바로 실감하기는 어렵습니다. 전체 형상을 제대로 보려면 하늘을 날아야 할 판입니다. 하지만 건물 주변을 천천히 한 바퀴 돌다 보면 기념관이 똑같은 모양의 열두개 박스로 이루어졌음을 알게 됩니다. 독립을 위해 무명지를 끊어 피의 맹세를 했던 단지동맹 열두 사람의 의기를 똑같은 모양의 열두 개 박스로 표현했습니다. 안중근 의사의 백색 좌상이 무겁게 놓여 있는 실내의 큰 홀을 통해 에스컬레이터를 타고 위로 오르면 열두 개의 공간을 차례로 통과하게 됩니다. 아쉬운 점은 내부의 전시 방식인데 일반적인 기념관 전시물들을 조금 배제하고 형태에 맞게 여백이 많은 빈 방들을 마련하여 한 사람 한 사람의 의미를 조명하고 묵상할 수 있는 명상의 공간으로 만들었으면 어땠을까 하는 아쉬움이 남습니다. 차례로 방을 거치며 안중근으로 대표되는 열두 명의 정신이 오롯이 남았더라면 더할 나위 없이 훌륭한 기억의 장소가 되었을 거라는 생각이 듭니다.

안중근기념관은 안중근 의사 한 사람만을 위한 공간이 아닙니다. 단지동맹 전체를 상징하는 공간입니다. 다만 그들의 정신을 기억하려는 것 같습니다. 거칠게 마모된 담벼락과 당시의 살벌한 느낌이 그대로 살아 있는 철문, 재현된 고문의 현장과 독방을 볼 수 없다고 해서 그들의 정신과 기개가 작아지는 건 아닐 테니까요.

남산 풍광이 잘 보이도록 투명 유리로 마감한 마지막 방에 이르렀습니다. 아내와 딸이 통통거리며 재미있게 꺾인 계단을 타고 내려가 밖으로 나가버립니다. 문득 보고 싶었던 집이 사라지고 없던 제주도 바닷가 쓸쓸한 빈터의 느낌이 밀려옵니다. 그 바닷가에서 들어야 했던 노래 하나가 생각나 스마트폰을 열었습니다. 노래를 검색하고 이

어폰을 귀에 꽂습니다. 앞서서 경쾌하게 걷고 있는 두 여자의 뒷모습이 더할 나위 없이 행복한 오후입니다. 그녀들 뒤로 커다란 은행나무, 바람에 흩날리는 노란 잎들. 나도 모르게 살짝 눈을 감습니다.

많은 날이 지나고 나의 마음 지쳐갈 때
내 마음속으로 스러져가는 너의 기억이 다시 찾아와

― 전람회, 「기억의 습작」

쏟아지는 낙엽 소리 너머로 작은 파도소리가 겹칩니다.

걷고 싶은
거리는

어떻게
만들어지는가

비욘드 뮤지엄
강남구 삼성로 762

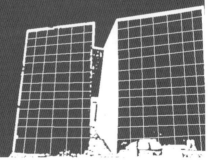

(앞 장 최 소장의 노래를 이어서) '생각이 나겠지~ 너무 커버린 내 미래에……'

　노래방에서 아는 노래가 나오면 다들 따라 부른다. 내가 고른 노래는 멋지게 독창하고 싶지만, 마이크는 두 개. 노래방은 태생적으로 듀엣을 기본으로 하는가 보다. 가끔 음 이탈이 나는 부분을 메꿔 줘서 고맙기는 하지만, 몇 곡 되지도 않는 레퍼토리를 굳이 따라 부르는 붕우朋友들을 볼 때면 좀 참아줬으면 싶다. 그래서 나는 누군가 노래를 부를 때 잠자코 듣는 편이다. 하지만 최 소장이 노래를 부르니 같이 부르고 싶어진다. '내 꿈들 속으로' 여기서부터는 고음부다. 고음부는 패스.

　한가하게 노래를 부르고 있자니 이제는 빛바랜 사진처럼 스러져 가는 추억 속에 잠시 머물곤 하는 노래 제목들이 눈앞을 스친다. 한 인간의 기억이란 어느 순간까지 지속될 수 있는 것일까? 몇 해 전, 일본의 시골마을을 자전거로 여행하며 하릴없이 불어대는 바람 앞에서 이 악물고 불렀던 김동률의 「출발」, 대학 신입생 시절 막걸리와 뻥튀기 과자를 앞에 두고 불렀던 「고래사냥」, 언제부터인가 노래방에만 가면 첫 번째로 부르는, 그래서 초장부터 분위기 확 깨는 최백호의 「낭만에 대하여」…… 무엇보다 청담동으로 이어지는 경기고등학교 고갯길(「강남스타일」 뮤직비디오 메이킹 필름 17초경에 싸이가 말춤을 추며 건너던 횡단보도가 있는 바로 그 고개다)에서 불렀던 「칠갑산」 만큼은 잊을 수가 없다.

　때는 1990년대가 시작되기 직전의 늦은 겨울밤. 친구와 여친 사이를 오락가락하던 여인을 집에 데려다주는 길이었다. 연인들이 이야기를 나눌 때 허공에 서리는 하얀 입김이 멋져 보인다는 이유 하나만으로 겨울이 좋다던 그녀를 옆에 두고 주병선의 「칠갑산」을 불렀다. 지금 생각하면 왜 그 겨울, 그 한밤에 「칠갑산」을 불렀는지 모르겠다. 당시 그 노래가 빅 히트를 치고 있었던가? 아무리 애를 써봐도 20년은 훌쩍 흘러가버린 한 겨울밤의 풍경은 「칠갑산」을 불렀다는 사실 외에 선곡의 이유를 밝힐 만한 선명한 이미지를 보여주지 않는다. 그날따라 그저 콩이 먹고 싶었나 보다. 그렇게 나는 묵묵히 열심히 노래를 불렀다. "콩밭 매는 아~나~악네~야 베적삼이 흠뻑 젖~는~다." 구성지게 꺾이던 노래가 차가운 밤하늘로 흩어져갔다.

청담동으로 들어서는 고개에서 이런 노래를 불렀다니 지금 생각하면 참으로 생뚱맞기 짝이 없는 장면이지만 당시는 동네의 정체성이랄까, 한 장소의 성격이 드러날 만큼 자본의 축적이 진행되지 않아서 이 동네가 저 동네 같고 저 동네가 이 동네 같았던 시절이었다. 그러니 「칠갑산」이 청담동하고 어울리지 않는다고 단정해서 말하기는 어렵다. 오히려 중간에 그녀가 내 노래를 끊지 않았던 걸로 보아 청담동에 살고 있던 그녀와 콩밭 매는 아낙네 사이에 칠갑산으로 통하는 공감대가 형성되었던 건 아닐까 추측해본다.

하지만 몇 년이 채 지나기도 전에 압구정동은 오렌지 빛으로 물들어 시인 유하가 '바람 부는 날이면 압구정동에 가야한다'고 읊조리는 사이, 내 발걸음은 뜸해졌다. 들려오는 소문에 그곳은 프라다와 루이뷔통을 한편에 두고 서미앤투스 등의 갤러리들이 뒤를 받친

좌청룡 우백호의 형상에 고급 카페, 미용실, 웨딩숍이 한 축을 이루는 고급한 소비문화의 거리로 변했단다. 청담동이 1963년 서울특별시에 편입되어 1970년대 영동지구 주택건립계획으로 조성된 이후 20년 만에 천지개벽한 듯 새로운 얼굴을 얻은 것이다.

작년 가을 오랜만에 청담동을 찾았다. 그사이 가로수들은 20년이 넘는 나이를 먹고 청담동 그녀는 결혼해 그 거리를 떠났다. 그녀가 살던 집도 주상복합으로 바뀌어 산천도 인걸도 간 데가 없었다. 특히 인걸은 다들 어디로 갔는지 토요일 점심을 향해 가는 시간, 거리는 한산하기만 했다. 1990년대부터 지금까지 문화 거리, 걷고 싶은 거리 만들기 시범 가로 계획, 청담·압구정 패션특구 지정 등 그 일대 거리 활성화를 위한 서울시와 정부 차원의 여러 시도가 있었지만 별 소득이 없었는지 떠나간 인걸과 새로 찾는 인걸들은 모두 고급 승용차를 타고 돌아오는 거리가 되어버린 것이다.

얼마 전 청담동으로 인터넷 검색을 하다 이런 글을 봤다.

질문 (서울에 대학생 친구를 둔 지방 사내): 청담동이 제일 고급 동네라고 잡지에 자세히 나와 있기에, 서울 가는 길에 동네 구경 한번 할까 합니다. 근데 친구가 말하길 평범한 옷차림으로 가면 그곳 사람들이 무시하고 이상하게 쳐다본다는데 사실인가요?

답글 (청담동을 미리 답사해본 사내): 그때가 토요일이었고 오후 3~4시 정도였는데 청담동 쪽으로 들어서고 나서부터는 사람들이 거의 눈에 안

띄더군요. 뭐가 이런가 싶어서 계속 걸었는데 인도에는 사람 수를 손에 꼽을 정도로 인적이 드물더라고요. 차들은 거의 외제 승용차나 국내 최고급 승용차고. 거리에 사람은 없는데 주차장에 가득한 외제 승용차를 보니 기분이 좀 이상하더군요. 그러다 피자헛 앞에 주차된 소나타II를 보고, 아 서민적인 냄새가 좀 나는군 했는데, 피자 배달하는 젊은이가 나오더니 냉큼 그 차를 타고 배달 나가더군요.

나는 마지막 문장을 읽고 뭔가 씁쓸함과 헛헛함과 부러움이 뒤섞인 아리송한 감정에 휩싸였다. 그러다 심우찬이 쓴 『청담동 여자들』이라는 책에서 "이곳 여자들은 좀처럼 걷지를 않아서(차만 타고 다녀서) 주차장이 없는 스타벅스는 별로 선호하지 않는다"라는 글귀를 읽고 끝내 작은 좌절감을 느꼈다. 「칠갑산」 그녀를 잡았어야 했다는 후회가 아니라 이제는 세상 고급 승용차는 다 끌어 모은 듯이 보이는 청담동 골목길을 걸어서 여친을 집에 데려다주는 낭만적인 데이트는 동네 통념상 범법 행위에 가까워진 듯한 세월이 섭섭해서다.

요즘 주말이면 아이와 함께 자의 반 타의 반으로 미술관을 찾아다닌다. 덕분에 청담동에 자주 가는데, 그러다 보니 이곳도 나름 맛이 있음을 알게 되었다. 얼린 셔벗같이 달콤하면서 냉담한 맛. 특히 청담동 47개 갤러리(『서울아트가이드』의 청담동 지도를 보니 47개의 갤러리가 보인다) 중에 개인적으로는 '비욘드 뮤지엄'(내가 지은 이름은 '저 너머 미술관')을 가장 청담동스러운 미술관 중 하나로 꼽는다.

비욘드 뮤지엄
by Cha

그 첫 번째 이유는 냉담하면서도 고급스러운 외관 때문이다. 일단 건물 앞에 서면 빈틈 하나 보이지 않는 예루살렘 골드 대리석 벽이 방문객을 맞는다. 나는 이 벽을 보자마자 성공한 40대 사장이 BMW를 몰고 나오는 장면이 떠올랐는데, 여러분은 어떤지 모르겠다.

두 번째는 뮤지엄의 위치다. 청담동 47개 갤러리 대부분이 대로변에서 한 블록 물러선 이면 도로에 면해 있는 반면, 비욘드 뮤지엄을 비롯한 몇몇 갤러리들은 땅값과 임대료가 어마어마한 대로에 면해 있다. 특히 비욘드 뮤지엄은 삼성로 6차선 도로에 접한 3층짜리 건물을 통째로 사용한다. 위치로 보면 아르마니 명품관이 부럽지 않다.

세 번째는 태생이다. 이곳은 이전에 반얀트리 클럽의 멤버스 라운지로 사용되던 곳이다. 반얀트리 클럽은 회원권 가격만 억대를 넘어서는 VVIP들의 사교장이었다.

반얀트리 클럽으로 사용되던 시절 건물 중앙 홀은 2개 층이 오픈되어 중앙에 키 큰 소나무가 자라고 천창에서는 환한 빛이 쏟아져 들어왔다. 그야말로 슈퍼 울트라 하이 퀄리티 도심 속 오아시스다. 이런 히스토리를 알고서야 미술관 입구에 계단을 둔 게 이해가 되었다. 아무리 고급을 지향하는 청담동이지만 공적인 성격이 강한 뮤지엄 입구에 접근을 어렵게 하는 계단이 어색했었는데, VVIP를 위한 사교장이라면 사람들이 다니는 지면에서 분리된 장소에 그들만의 리그를 만들고 싶었을 테지. 하지만 미술관으로 변신하고 나니 이 모든 형태가 거리를 거부하는 듯한 냉담한 표정으로 읽힌다.

그러던 어느 날 얼린 셔벗 같은 비욘드 뮤지엄에서 차가운 냉기 속의 달콤함을 느낀 적이 있다. 늦가을, 일본 작가의 전시를 보고 올라온 4층 옥외 테라스 카페. 날이 쌀쌀해 아이가 마실 만한 따뜻한 음료를 부탁했더니 친절한 카페 아저씨가 코코아 두 잔을 건네며 메뉴에 없는 거라 공짜라고 했다. 이럴 줄 알았으면 뭐라도 좀 더 부탁할 걸……은 농담이고, 그저 따뜻한 마음 씀씀이에 감동했다. 시간이 지나 아저씨의 얼굴은 희미해졌지만 분명 배용준 못지않은 멋진 미소를 가진 사람이었을 거라 믿는다. 그날 오후 따뜻한 코코아를 앞에 두고 푸르게 변해가는 서울의 가을 하늘을 배경 삼아 일곱 살 아이와의 추억을 카메라에 담았다. 낯선 도시에서 헤매고 있을 때 친절하게 다가와 길을 알려주는 여인의 미소 한 방에 그 도시가 좋아지는 것처럼 나도 그날 '저 너머 미술관'이 마음에 들었다.

얼마 전 강남구에서는 한류 스타들이 자주 가는 맛집과 그들의 추억의 장소를 엮는 청담동 걷고 싶은 길 스토리텔링을 감행, 한류 스타의 거리를 만든다는 계획을 발표했다. 「칠갑산」의 거리가 명품거리로 변하더니 이제는 한류 스타의 거리가 되는구나. 다음에는 또 무엇으로 변하려나. 언제나 느끼는 거지만 공무원 분들 참 수고가 많다. 이렇게 노력하다 보면 뭐라도 되겠지 싶다. 단지 한 가지 알아두었으면 하는 건 거리에 한류 스타나 눈이 번쩍 뜨이는 것이 있어야 사람들이 그곳을 찾는 건 아니라는 점이다. 여덟 살 아이를 둔 중년의 사내는 칠갑산이나 공짜 코코아에 얽힌 작은 사연이나 기억의 조각들을 찾아서 오기도 한다. 그리고 그것이 그 거리를 찾는 이유가 된다. 걷고 싶은 거리는 이렇게 만들어지는 게 아닐까. 누구 말마따나 이곳도 사람 사는 곳이니 말이다. 돌아오는 길에 오랜만에 「칠갑산」을 들었다. 날은 시리도록 푸르고 나무는 높이 자라 낙엽을 날리는데, 주병선의 구성진 목소리는 여전하더라.

길 위의
풍경들

지앤아트스페이스
경기도 용인시 기흥구 백남준로 7

괜히 「건축학개론」을 들먹이는 바람에 마흔넷의 철없는 청춘이 그 옛날 첫사랑의 추억에 사로잡히고 말았다. 겉으로는 늘 심드렁한 표정이지만 가슴만은 따뜻한 차형은 역시나 「칠갑산」을 불러주던 한 여자를 떠올렸고, 그 여자가 살던 동네의 추억을 따라가다 비욘드 뮤지엄으로 빠져버렸다. 언제나, 신기하게도, 참으로 차형다운 삼천포식 전개다.

아무튼 그 비욘드 뮤지엄(저 너머 미술관인지 뭔지)에 나도 가봤다. 코앞까지만. 내가 갔을 땐 전시를 바꾼다나 뭐라나, 공사판이어서 관계자인 척하고 슬쩍 들어가 둘러보려고 했는데 역시나, '어이 아저씨'(공공장소에서 이런 호칭은 참 오랜만이라는) 하며 철통 경비에 막혀버렸다. 겸연쩍게 되돌아 나오면서 계단 위에서 아래를 내려다보니 세상과 건물은 보이는 것보다 좀 더 거리감이 있었다. 그런 거리감은 마치 영화 「바람과 함께 사라지다」에서 여주인공 스칼릿 오하라가 저택의 계단 위에서 아래를 도도한 표정으로 내려다보던 장면을 연상시킨다. 물론 매력 만점의 레트 버틀러가 얄미운 고양이 같던 스칼릿을 번쩍 들어 2층으로 올라가버리던 그 장면에서 계단은 로맨스의 상징이 되기도 했지만.

비욘드 뮤지엄의 계단은 건물 외벽과 같은 컬러의 베이지 색 대리석이 자연스럽게 바닥으로 이어지게 만든 터라 건물의 몸이 일부 변형된 것처럼 보인다. 다소 고압적이고 사람 긴장시키는 계단이랄까. 미술관이나 상업시설 같은 공공 공간은 계단의 모양, 폭, 크기, 분위기만으로도 친절한 공간인지 불친절하고 거만한 공간인지 같은 공간의 공공성 지수를 가늠할 수 있다. 집이 사람을 끌어들이는 방법은 여러 가지 있겠지만 예술 좀 아는 사람들만 모이세요, 끼리끼리 놉시다, 하는 공간이라면 역시 이런 계단이야말로 적재적소適材適所라 할 수밖에. 번쩍거리는 하이힐에 명품백을 들고 우아한 걸음걸이로 무대 같은 계단을 하나씩 오르는 것에서 행복을 느끼는 사람들은 더 높고 더 긴장감 있는 출입 공간을 원했을지도 모르겠다. 부담스러운 시선과 공간적 불편함도 누군가에겐 자기과시의 무대가 되기도 하니까.

이런 마당에 차형이 그 계단을 오르내리는 광경을 상상하니 뭐라 할 말이……. 사람에 따라선 이럴 때 손과 발이 같이 나가는 경우가 종종 있는데, 평소 차형 걸음걸이를 떠올려보면 역시 쉽지 않았겠다는 생각이 든다. 참고로 나는 두 계단씩 성큼성큼 올라갔고 내려올 땐 계단 중간쯤에서 아랫것들을 둘러보는 스칼릿 오하라처럼 약간 거만하게 두리번거리는 객기를 부린 바 있다. 코코아와 음료를 서비스로 내줄 정도의 인심은 예상치 못했는데 나도 조만간 딸을 앞세워 다시 가볼 예정이다. 그런데 그 계단 다시 생각해도 참 시크하다.

한편 친절한 계단 하면 떠오르는 공간이 있다. 그곳을 생각하면 그냥 기분이 좋아진다. 청담동 '저 너머 미술관'의 '뭘 봐?' 하는 식의 계단과는 완전히 다른 느낌이랄까. 누구에게나 친절하게 마음 놓고 들어오라고 손짓하는 계단을 갖춘 공간, 그런 공간이 좋다는 건 그 공간을 만든 이의 배려가 마음에 든다는 의미일 게다. 지금껏 많은 공간들을 거쳤지만 기억에 남는 장소들은 한 가지 공통점을 지니고 있다. 자연과 친하고, 땅과 싸우지 않고, 사람 차별하지 않으며 존중하고, 편하고, 뽐내지 않고, 편안한 기분을 느끼게 한다는 점이다. 이런 공간은 만든 사람과 사용하는 사람의 정서를 건축을 통해 이어준다. 공간을 매개체로 사람 간의 교감이 실재하는 것처럼 느껴지는 것이다.

그중 최고는 담양 '소쇄원'이다. 조선 중종 시대, 급진적 개혁을 펼치다 훈구파의 모함으로 희생된 조광조의 죽음에 충격을 받고 낙향한 제자 양산보가 남은 생을 보내기 위해 고향 땅에 지은 별서정원別墅庭園이다. 꽃피는 봄이나 녹음 우거진 여름, 계절이 탈색하는 가을, 흰 눈이 가득 내려앉는 겨울에도 이 정원은 한결같은 편안함을 품고 있다. 모든 욕망을 다 내려놓은 사람이 자연에게 무엇이 되고 싶은지 물어서 만든 공간이라고 해야 할까. 녹음 우거진 숲속에 깊게 들어앉은 소박한 몇 채의 집들과 주변의 마당들, 마당과 마당을 잇는 길과 계단, 그리고 작은 토벽 들이 합창을 하듯 어우러진다. 산 경사면을 타고 내려오다 생긴 집터들, 그 사이를 잇는 다양한 생김새의 계단들은 원래 거기에 있었던 듯 부담스럽지 않게, 오히려 산책의 재미와 즐거움을 선사한다. 눈이 편안해지는 푸른 녹음이 정원의 주변을 병풍처럼 감싸는 천혜의 파노라마 풍경들. 원래 있던 풍경 속에 필요한 만큼 인공의 손맛을 적재적소에 개입시킨 집 지은이의 탁월한 감각은 수백 년이 지난 지금도 충분히 느낄 수 있다.

소쇄원의 공간 감각을 현대적으로 적용한다면 어떻게 될까. 도심의 대지라면, 일단 사용 가능한 대지를 여러 단위로 쪼개고 건물은 몇 채의 작은 집으로 나누어 배치하는 그림을 그려볼 수 있다. 가급적 집 하나의 크기는 줄이면서 대신 집과 집 사이사이에 길과 작은 마당 들을 개입시켜 외부 공간과 내부 공간을 시각적으로 연결함으로써 대지 전체가 풍요로워지는 방법을 강구할 수 있지 않을까. 마치 좁은 통로와 작은 계단과 마당 들이 중첩되어 있던 어린 시절 동네 주택가의 풍경을 재현하듯이 건축은 배경처럼 존재하고 오히려 외부 공간과 사람이 만들어내는 삶의 풍경이 주인공이 되는 편안한 공간이 가능할 것이다. 일단 크게 보이고 싶고, 강하고 특별한 겉모양에만 집착하는 건축이 만연한 요즘 세태에 비추어보면 쉽게 할 수 있는 시도는 아니겠지만.

건축가 조성룡이 설계한 신갈의 '지앤아트스페이스'는 갤러리와 아트숍, 도예공방, 화원, 레스토랑과 북카페가 각각의 작은 집으로 쪼개져서 계단, 길, 마당으로 연결된 재미있는 공간이다. 소쇄원이 자연 속에 은둔한 별서정원이라면 지앤아트스페이스는 도시 속에 은둔한 별서건축(말이 되는지 모르겠지만)이라고 할 수 있다.

돌아다녀보면 지앤아트스페이스는 실제로 점유한 땅의 면적보다 더 넓게 느껴진다. 크지 않은 공간이지만 다양한 레벨로 연결된 건물과 건물도 그렇고, 그 사이의 외부 공간들이 다채롭고 풍부하다. 외부 울타리나 담 없이 완전히 열린 공간이라 주변 도시의 풍경들까지 집의 영역 안으로 들어와 경계 자체가 무의미해진다. 공간 개념

지엔아트스페이스
by Choi

을 간단히 요약하면 '길 위의 풍경'이라고 할 수 있는데 '스페이스'의 내부를 걸어보면 그 의미를 알게 된다.

건축은 뒤로 물러나 방문한 사람들의 풍경을 담는 배경이 되고 미로처럼 얽힌 길과 마당이 적극적으로 공간 구석구석과 연결되어 산책로를 이룬다. 한정된 대지 위에 길과 외부 공간이 있을 곳을 먼저 배치하고 남는 곳에 집을 지은 것 같다. 아니면 필요한 만큼 집을 나누어 먼저 삽입시키고 크고 작은 외부 공간을 사이에 끼워 넣은 것일 수도 있다. 어쨌든 빈 땅을 건물로만 채우는 방식이 아니라 내·외부를 동등한 비중으로 고민했다는 것은 건축에 접근하는 과정 자체가 일반적인 방식과는 전혀 달랐던 게 아닐까 싶다. 건축은 결국 삶을 반영하는 것이니, 말하자면 삶을 바라보는 관점 자체가 다른 것이다.

계단은 공간과 싸우지 않고 오르거나 내리거나 길과 마당의 기분을 잘 맞춰준다. 주변 진입 도로에서 바로 지하 마당으로 내려가는 큰 계단 역시 어색하거나 불편한 기색이 없고 그 자리에 딱 들어맞는다. 오히려 외부의 소음과 대지 밖의 산만한 풍경들에서 적당한 격리감을 두어 산책의 편안함을 유도한다. 오밀조밀하게 숨은 외부 공간들도 마찬가지다. 계단들은 건물과 건물 사이에서 몇 개의 세트로 분리된다. 그리고 한 세트가 끝날 때마다 계단참 옆의 마당과 연결되어 독자적인 영역을 형성하는데 그 마당의 풍경이 모두 조금씩 다른 분위기를 담고 있다. 건물과 마당, 계단이 하나의 패키지 타입으로 묶이고, 바로 이 지점에서 장소의 풍경들이 다양하게 생산되는 것이다. 계단 앞, 건물의 사이, 마당의 끝, 건물과 건물을 가로지르는 공중다리, 물 위에 비친 하늘, 이곳의 실제적 주인 같은 나무와 꽃들…… 그리고 사람들이 이 장소의 두 번째 주인공으로 남은 여백의 틈을 메운다.

모든 건축가는 건축을 통해 '삶'에서 중요하다고 여기는 메시지를 전하고 싶어 한다. 하지만 건축은 너무 복잡한 물건이라 쉽게 그런 메시지까지 담아서 만들기가 만만치 않다. 많은 것을 담으려 노력해도 결과적으로 돈과 기능의 결합 외엔 별 의미 없는 덩어리 취급을 받기 일쑤다. 지앤아트스페이스가 특별한 것은 눈에 띄는 장식적 수사도 없고 기억에 남는 강한 건축의 웅변도 없지만, 삶을 소중히 다루겠다는 어떤 '태도'를 보여주고 있다는 점이다. 그래서 갈 때마다 마치 좋은 사람을 만난 듯한 포근함을 전달받는다.

아내가 둘째를 데리고 앞 건물에 있는 꽃집을 둘러보러 간 사이 나는 평소처럼 첫째와 뒷 건물 공방으로 가 흙을 빚었다. 작은 컵을 만들고 무늬를 새기고, 공방 앞 작은 마당 벤치에 나와 잠깐 쉬면서 하늘을 올려다보니 우물에 비친 것처럼 깊은 하늘이 눈부시게 펼쳐진다. 벤치에 벌렁 드러누워 딸에게 말을 걸었다.

"아빠처럼 누워서 구름 지나가는 거 봐봐, 신기하다."

"근데 아빠, 구름이 지나가는 게 아니라 지구가 움직이는 거야."

"그래, 맞다. 구름은 가만있는데 하늘이 움직이는 거네."

"그게 아니라 하늘은 가만있는데 지구가 도는 거라고. 갈릴레이가 그랬대."

"아, 그래. 그런데 이렇게 보면 하늘이 움직이는 것 같은데."

"아니라니까."

잘생긴 귀를 가진 공간. 그런 공간은 무슨 말이든 잘 들어주는 친구 같다. 그런 공간을 걷다 보면, 어느덧 풍경의 일부가 되어버린 나를 발견하고 내가 공간인지 공간이 나인지 알 수 없게 된다.

사람처럼 건축도 짓고 난 직후부터 노화가 시작된다. 태어남과 동시에 늙음으로 향하는 것, 그렇게 조금씩 윤기를 잃고 힘이 사라지는 것, 그게 삶이다. 어떤 건축이, 공간이, 장소가 나이를 먹어가는 것을 어떤 건축가는 사람이 늙고 죽는 문제로 보는 것이다. 건축은 사람의 삶을 위해 존재하는 것이니까.

가끔 처음과 마지막의 차이가 크지 않은 건축(혹은 삶)을 상상해본다. 새것이지만 새것 같지 않고, 오래되었지만 처음의 느낌을 유지하는 건축(혹은 삶)을 상상해본다. 처음부터 이미 보기 좋게 늙어 있고 오히려 시간이 흐를수록 담백해지며 생기를 더해가는, 그런 잔잔한 배려와 충만감이 흐르는 건축. 문득 차형은 그런 배려와 충만감을 느꼈던 공간이 있었는지 궁금하다. 이게 또 말처럼 쉬운 일이 아니다 보니.

바람이 불고,
댓잎이 쓸리고,

촛불이
흔들렸다

경인찻집
종로구 인사동 10길 11-4

충만감으로 가득한 공간이라. 40여 년을 살아오면서 어찌 기억 속에 그런 공간 하나 없겠는가. 그럼 어디 좋은 곳 하나 찾아볼까 하며 오랜만에 내 기억 속 '좋아라 창고'를 뒤적였다. 좋아하는 작가 김중혁, 좋아하는 화가 데이비드 호크니, 좋아하는 가수 소녀시대, 좋아하는 노래 「낭만에 대하여」. 뭔가 좀 이것저것 뒤섞인 짬뽕 냄새가 나지만 요즘 같은 통섭의 시대에 적절한 취향이 아닌가 싶다. 물론 이 또한 누가 물어보면 그때그때 달라진다. 대략 나이 마흔을 훌쩍 넘기고 보니 인생의 '좋아라 창고'에 쌓이는 게 한둘이 아니다. 빈손으로 왔다가 빈손으로 가는 게 인생이라는데 아직 빈손으로 갈 때가 안 돼서인지 뭔가 자꾸 쌓아두고 산다. 책상 바닥이 안 보이도록 지저분하게 종이가 쌓이는 것도 아마 내가 아직 덜 살았기 때문일 거다(근데 왜 돈은 안 쌓이나 몰라). 물론 '좋아라 창고'만 있는 건 아니고 '싫어라 창고'도 있다. 가급적이면 이쪽에는 먼지만 쌓아 두고 살고 싶다. 그런데 어찌 된 일인지 아무리 '좋아라 창고'를 뒤적여도, 좋아하는 가수, 노래, 음식 등은 잔뜩 나오는데 충만감이 가득했던 장소는 손에 잡히질 않는다. 충만감은 고사하고 좋아하는 건물이 뭔지도 잘 모르겠다.

학교를 졸업하고 원도시건축 사무소라는 곳에 신입사원 면접을 보러 간 날 '자네는 좋아하는 건축물이 뭔가?'라는 물음에 서초동에 있는 대법원 건물(원도시건축에서 설계한 건물)을 인상 깊게 보았노라고 답한 적이 있지만, 그때야 IMF로 찬바람 불던 시절이고 입사를 위해서라면 원도시건축 주차타워라도 좋다고 말할 준비가 되어 있었으니까 그리 대답했지만 지금은 도통 모르겠다. 나만 그런가? 주위를 둘러봐도 좋아하는 영화며 노래는 하나씩 갖고 있는데 좋아하는 공간에 대해서는 이야기를 꺼내는 이가 없다. 다들 특정한 장소에서 첫키스를 했을 테고, 첫 이별에 눈물을 흘렸을 텐데, 기타 등등의 사건만 남아 있고 사건이 일어났던 공간을 구체적으로 기억하는 이는 드물다. 사실 첫키스의 순간에 곁눈질하며 '주변 공간이 이렇게 생겼군' 하고 딴생각하는 사람들이 많지 않을 테니 공간이 구체적으로 기억나지 않는 것은 어쩌면 당연하다고 봐야 하는 걸까? 그러면 공간은 그저 항상 거기 있는 것, 중국집에서 짜장면 주문하면 따라 나오는 단무지 같은 것인가?

하지만 10년 넘게 이 일을 하고 있는 건축가한테는 이런 핑계가 통하지 않는다. 이제는 누가 좋아하는 건물이 뭐냐고 묻는다면 '제가 넘버원으로 꼽는 것은 ○○○입니다. 건축물이라면 적어도 이 정도는 돼야죠, 하하하' 하고 자신 있게 말해야 할 텐데 피라미드 뭐 이런 것밖에 떠오르질 않으니 원.

그래서 퇴근하고 집에 가는 내내 충만감, 충만감, 충만감을 되뇌었다. 그러다 보니 버스에서 내릴 때쯤 사는 게 왠지 충만해지는 것 같기도 하고, 한편으로는 기억 속에 묻혀 있던 장소 하나가 떠오르긴 하더라. 지금은 사라지고 없는 인사동 경인찻집. 여기서 말하는 찻집은 인사동 경인미술관 내에 있던, 그러나 지금은 사라진 찻집이다. 물론 당시의 찻집이 모두 사라진 건 아니며 그렇다고 지금 있는 찻집이 모두 예전부터 있었던 것도 아니라서, 이 사람이 도대체 어디 얘기를 하나 싶을 텐데, 내가 말하는 곳은 안채가 남산 한옥마을로 이축하면서 사라진, 찻집으로 사용되던 옛 공간이다. 경인미술관은 30년 가까이 찻집을 하면서 이 찻집과 저 찻집이 헷갈릴 정도로 증축을 해댔으니, 경인미술관 찻집 증축사라도 누가 써봤으면 좋겠다.

경인미술관은 이제까지 부마도위駙馬都尉 박영효 가옥으로 알려졌다가 2010년 친일파 민씨 집 소유로 밝혀져 공식적으로 명칭이 변경되었다. 자료를 찾아보니 현재 우리가 알고 있는 경인미술관은 이전 저택 땅의 일부분이고 원래는 200년이나 된, 한양 팔대가라고 알려질 만큼 큰 집이었다고 한다.

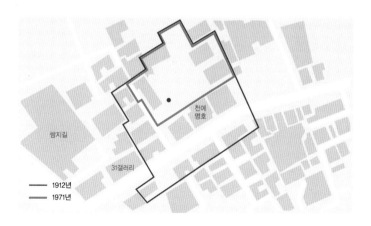

쌈지길

천예
명호

31갤러리

—— 1912년
—— 1971년

그림에서 붉은 선으로 된 안쪽이 1912년 지적 조사 때 민씨 가옥의 필지이고, 파란색 선으로 된 부분이 1971년 당시 기존 필지가 분할된 후 미술관 경계다. 절반이 넘게 줄어들었다. 지금 경인미술관은 원래 저택의 1/3 정도밖에 안 되는 면적이다. 일제강점기 조선의 상류계층 양반들의 세가 하락하면서 그들의 땅도 잘게 잘려 개량한옥 필지들로 넘어가면서 줄어든 것이다. 내가 차를 마시곤 했던 곳이 빨간 점이 찍힌 안채의 마당인데, 그 당시 옛 저택 중 유일하게 남아 있던 부분이었다. 현재 미술관으로 사용되는 건물들은 대략 1970년대 이후 증축에 증축을 거듭하며 들어선 것들이다.

옛 지도를 보고 있으니 처음으로 인사동을 찾은 때가 떠오른다. 대학교 1학년 시절, 소개팅으로 만난 여인을 따라 '어라, 이런 동네도 있네!' 하며 경인미술관에 처음 발을 들였다. 당시 인사동 거리는 현재에 비하면 상상할 수 없을 정도로 조용하던 시절이었다. 지금 보행자 전용 거리 위로 차들이 다녔고, 길바닥은 김진애 선생이 포석을 깔기 전이었고, 스타벅스는 언감생심, 요란한 간판들도 없던 때였다. 그날 이후 친한 벗들이 압구정동이나 대학로, 종로, 신촌에서 노닐 때, 나는 꼭 인사동에서 약속을 잡곤 했다. 책상다리 하고 앉아 허리가 아플 때까지 뜨거운 차를 마시던 옛 찻집, 옆 테이블과 합석이라도 한 것처럼 느껴질 정도로 공간이 좁아 아름다운 만남이 저절로 이루어질 것 같던 귀천, 지금은 없어진 '목마르면 물 마시고 배부르면 누워 자고'라는 한량 냄새 풀풀 나는 이름의 찻집, 편한 소파가 그리울 때면 찾았던 '피아노'라는 이름의 카페, 그리고 '다경

경인찻집
by Cha

향실' 등이 떠오른다. 지금 생각해봐도 한 인간의 청춘이 지나간 장소치고는 꽤 괜찮았던 것 같다.

이들 중에서 경인미술관이 내 결정적인 장소가 된 것은 한 여인(지금은 쓸데없는 데 돈 쓴다고 타박하는, 예전에는 왜 그런 말 안 했느냐고 따지면 '그때는 그 돈이 내게 아니었거든' 하고 깜찍하게 대답하는, 내 아내가 된 여인)과의 만남 덕분이다. 1990년대 중반 가을, 학교에서 집으로 돌아가는 길에 가끔 인사를 주고받던 공예과의 그녀를 버스 안에서 우연히 발견하고 차나 한잔하고 갈까 얘기를 꺼냈다. 마침 버스는 인사동을 지나가고 있었고 우리는 버스에서 내려 경인찻집으로 향했다. 파랗던 가을 하늘이 보라색으로 바뀌더니 짙은 청색으로 저물어가는 저녁 시간이었다. 골목을 돌아 대문을 밀고 들어간 경인찻집에는 손님이 하나도 없었다. 안채가 철거되기 전이었고 고즈넉한 저녁 빛만이 안마당 주위를 감쌌다. 단둘이 앉았던 테이블이 생각난다. 얘기를 나누다 잠시 침묵이 흐르던 순간, 바람이 불었다. 그러자 옆의 대나무가 몸을 흔들고, 댓잎이 바람에 쏴 하고 쓸리고, 테이블의 촛불이 이리저리 흔들리고, 곧이어 추녀에 매달린 풍경 소리가 들렸다. 짙은 청색의 저녁 빛, 늙은 기와를 얹은 고택의 추녀, 세월의 결이 새겨진 갈색의 툇마루, 낮은 담장, 그리고 바람 소리. 그 믿기지 않는 조합에 '멋지다!' 하는 감탄사가 나도 모르게 튀어나왔다. 기억에 남아 있는 내 인생의 한 장면이다. 장담컨대 바람 소리가 나는 장면으로는 '어떻게 사랑이 변하니'라는 명대사로 유명한 영화 「봄날은 간다」의 유지태가 흔들리는 갈대밭에서 바람 소리를 담던 마지막 장면이 부럽지 않다.

그날 나눴던 이야기는 댓잎을 쓸던 바람과 함께 날아갔는지, 기억이 나지 않지만 그 장소, 그 소리만큼은 잊히지 않는다. 도대체 어떻게 그런 풍경이 가능했을까? 그날따라 가을 하늘은 왜 그리 맑아 저녁노을을 청색의 빛깔로 물들였는지, 바람은 또 그 순간 어찌하여 불었는지, 사랑채며 행랑채며 다 뜯겨날 때 오래된 저택의 안채는 어떻게 홀로 살아남았는지, 손님은 왜 그날따라 없었는지, 그리고 대기를 흐르는 빛과 공간의 색깔과 가을 소리가 우연히 겹쳐 한 몸을 이루는 순간, 그곳에 한 쌍의 남녀는 어떻게 있을 수 있었는지, 생각할수록 이 모든 우연이 기적같이 느껴질 뿐이다. 그래서 감히 말하자면 저마다의 가슴 떨렸던 충만한 장소를 가지고 있다면 그것은 곧 기적의 공간이고 그렇기에 평생토록 간직해야 할 공간이라는 사실이다.

대략 20년이 지난 지금 아쉽게도 그 장소는 없다. 마지막까지 남아서 찻집으로 사용되던 안채는 1996년 철거 후 남산 한옥마을로 이축되었다. 한옥마을은 장소를 잃어버린 건물이 원형으로 복원될 수 있을 것이라는 이상한 발상으로 세워진 마을인데, 작년에 아이를 데리고 갔던 그곳에서 예상대로 민씨 가옥(서울시 민속문화재 18호)은 추억을 나눌 여지는 눈꼽만큼도 없는 남이 되어 다른 얼굴을 하고 잘 계시더라. 당최 누구신지 알아볼 수가 있어야지.

올해 결혼 10주년을 맞아 아내에게 이벤트로 인사동에서 우리가 데이트했던 장소들을 가보자고 했더니, 촌스럽다는 반응만 돌아온다. 겸연쩍은 마음에 머리만 긁적긁적. 사실 요즘 인사동을 보면 얼마나 과거의 추억을 더듬을 수 있을지 의심스럽기는 하다.

오스카 와일드의 소설 『도리언 그레이의 초상』에 보면 노년의 비극은 늙었다는 것이 아니라 젊음을 기억하는 것이라는 구절이 나온다. 이 말을 서울에 적용해보면 '서울의 비극은 늙어간다는 것이 아니라 기억할 젊음이 사라진다는 것이다'로 바꿔볼 수 있지 않을까 싶다. 그런데 이렇게 계속 기억할 젊음을 없애다 보면 노년에는 비극도 사라지려나? 이거 혹시 비극을 막기 위한 서울의 전략인가?

도리언
그레이의
초상

남영동 대공분실
_경찰청 인권보호센터
용산구 한강대로 71길 37

청담동 그녀에 이어 인사동 그녀를 추억하는 차형을 보니 조금 부럽기도 하다. 차형은 연애박사? 내가 모르는 20대의 차형은 내가 아는 서른 이후의 차형과는 다른 사람이었나 보다. 무라카미 하루키의 초기 연애소설에 나오는 시니컬하면서 (외모는 그저 그런) 내성적인 (하지만 연애에 뛰어난) 소년 같은 남자 주인공의 이미지랄까. 한때 그런 소설들을 읽으며 행여나 '상실의 시대'를 고민하거나 '국경의 남쪽'을 궁금해하기보다는 '나는 왜 이런 연애를 하지 못할까' 하는 존재론적 공상에 젖었던 나였지만, 차형이 과거의 그녀들과 달콤한 공간들을 잘도 연결하는 것을 보니 어쨌든 샘은 난다. 나로 말하자면 오히려 아저씨가 되고 난 후 이제야 집안의 그녀들(여우와 토끼)과 함께 곳곳에 추억할 만한 공간을 만들고 있건만.

열두 번의 이야기를 이어오는 동안 나의 그녀들은 죄다 아내와 딸이고 차형의 그녀들은 진짜 그녀들인 것을 보니 일단 반성해야 할 일인 것 같아 마음이 무겁다. 청담동과 인사동에 걸친 연애사에 맞설만한 이야기를 나도 하나 발표해야 할 텐데. 어렴풋이 신사동이나 대학로 어딘가에서 만났던 미모의 그녀들이 생각나는 것 같기도 하고.

오스카 와일드의 『도리언 그레이의 초상』이라. 오래전 읽었지만 말초신경 자극하는 현란한 표현에만 집중하며 읽은 탓인지 몇 장면 빼고는 기억이 잘 나지 않는다. 한데 '노인의 비극은 젊음을 기억한다는 것'이란 구절을 '기억할 젊음이 없어지면 비극도 없어질까?'로 되묻는 차형에게 이런 질문을 던지고 싶다. '우리가 기억할 젊음(과거)에 꼭 찬란했던 것들만 있었을까?' 라고. 도리언 그레이의 이야기는 비단 인간에게만 종속된 것은 아닌 것 같다. 건축도 아름다운 상상속의 모습과 실제의 추악함 사이에서 방황하다가 분열증을 앓는 경우가 종종 있으니 말이다. 도리언 그레이처럼 초상화를 찢고 너 죽고 나 죽자 식으로 나온다 한들, 감추고 싶은 진실이 감춰질 리 만무한 것이고. 사람이든 건물이든 살아온 과정이 얼굴에 드러나게 마련이다.

초상화를 찢는 기분으로. 과거를 지우면 그간의 비극도 지울 수 있을 것으로 생각했던 많은 사례들. 조선총독부가 그랬고, 동대문운동장이 그랬고, 구 서울시청사 뒤에 세워진 늠름한 신 시청사가 그랬다. 하지만 기억을 더듬으며 과거의 공간을 찾아가본 사람은 안다. 눈앞에서 그것을 지운다 한들 그 진실은 결코 지워지지 않는다는 사실을.

어떤 소설의 장면을 상상해보자. 어느 날, 권력과 부를 움켜쥔 누군가가 건축가를 찾아와 엄청난 설계비를 건네며 이상한 제안을 한다. (실제 상황은 아니다. 실제일 수도 있지만.)갖은 방법으로 사람을 괴롭힐 수 있는 공간을 만들어 달라는 것이다. 건축가는 그에게 이유를 묻지 않는다. 그런 공간이 왜 필요한지, 누구를 괴롭히려는 건지. 건축설계는 필연적으로 그것을 왜 만들려고 하는지, 그것을 사용할 사람이 누구인지 제대로 아는 것에서 출발한다. 하지만 세상에는 그런 기본이 필요 없는 건축설계도 드물게 존재한다. 영국의 철학자 제러미 벤담이 죄수를 효과적으로 감시할 목적으로 고안한 판옵티콘panopticon(원형감옥)이나 영화 「트루먼 쇼」의 무대였던 대형 세트장처럼. 건축가는 트레이싱페이퍼를 펴고 건축이 지옥이 될 수 있는 방법을 연구하기 시작한다. 이는 발표하지 못한 어떤 소설의 첫 부분이다.

혹시 「큐브」라는 영화를 기억하는가. 미로에 갇힌 사람들이 하나씩 죽어가는 내용이다. 영화의 주제는 인간승리가 아니다. '고문'에 관한 이야기다. 주인공은 감정 없는 기계처럼 입력된 임무를 수행하는 살인 공간이다. 방 하나를 통과하면 똑같은 방이 나오고 또 나온다. 사람들은 방을 옮겨 가며 탈출을 시도해보지만 결국 같은 자리를 맴돌 뿐이다. 이 영화 속 공간은 소설가에게 꽤 쏠쏠한 힌트를 주었다. 사람을 괴롭히기 위해 공간의 외형이 무시무시할 필요는 없다는 것. 다만 표정 없고, 방향과 시간 감각이 상실되고, 만든 의도와 목적이 의심스러운 막막한 공간이면 충분하다.

건축주는 고문 공간을 의뢰한 것이다. 고문을 가하지 않고도 공간 안에 있는 것 자체가 곧 고문이 되는 곳이어야 한다. 건축가는 마조히스트적 공간에 특별한 희열을 느끼기 시작하지만 그럴수록 몸과 마음은 점점 피폐해져간다. 실제로 어느 정도의 고통이 공간을 통해 사람에게 가해질 수 있는지를 가늠하기 위해 건축가는 재료와 구조 전반에 대한 공간 모형을 컴퓨터까지 동원해 시뮬레이션한다. 그것은 어떤 의미에서는 스스로를 고문하는 동시에 가해자의 역할을 넘나드는 행위였고, 그로 인해 그는 서서히 미쳐간다.

소설가는 그 순간 글쓰기를 멈췄다. 도리언 그레이처럼 미쳐가는 건축가의 결말을 정하지 못한 탓이다. 소설은 16년간 미완성인 채로 남아 있는데 어느덧 나이가 들어 중견 건축가가 된 그때의 소설가는 요즘도 가끔 그 이야기를 마무리 지어볼까 생각하곤 한다. 하지만 선뜻 손을 대지 못하고 여전히 소설 속 공간과 건축가에 대한 흐릿한 상상만 곱씹고 있다. 16년간 조금씩 머릿속에서 덧붙고 수정된 그 공간은 현실에는 존재하기 힘들 것이다. 하지만 디테일하게 묘사할수록 실제로 존재할 것만 같은 예감도 든다. 평범한 일상의 모습 속에 숨어 누군가를 지옥으로 몰아넣는 그런 공간. 그러고 보니 어디서 많이 본 것 같긴 하다.

지하철 1호선 남영역 근처에는 깔끔하게 잘 지은 검은 벽돌 건물이 하나 있다. 정확한 주소는 용산구 갈월동 88번지. 과거 치안본부 대공분실로 쓰던 곳으로 지금은 경찰청 인권보호센터로 운영된다. 대간첩 수사를 목적으로 1976년 준공된 건물이지만, 간첩보다는 정부에 항의하는 민주화인사들을 탄압하고 고문하던 곳으로 더 유명해졌다. 애초부터 사람의 편리가 아닌 불편을 감안해서 지은 공간이니 그런 의미에서 보면 '건축'은 아닌 셈이다. 건축은 적어도 건축물을 사용하는 사람 입장에서 보편적 선의에 기초해 설계되어야 하기 때문이다. 하지만 남영동 대공분실은 건물의 용도에서 짐작할 수 있듯 그렇지 못했다. 조사를 하고 자백을 받아내야 하는 공간은 사람을 괴롭히기 위해 가동되었던 고문 기계로 출발했을 것이다.

남영동 대공분실
by Choi

검은 벽돌로 말끔하게 마감된 외부 형태는 전체적인 비례와 창호의 배열, 매스의 균형감 측면에서 건축을 잘 모르는 사람이 보더라도 꽤 실력 좋은 건축가의 솜씨임을 알 수 있다. 겉으로만 보자면 전혀 내부 공간을 상상하기 힘들다. 클라이언트의 요구에 맞춰 겉으로는 내부를 의심하기 힘들게끔 꼼꼼하게 정리한 과정이 있었을 것이다.

공간의 사용자는 둘이었다. 고문하는 자와 고문당하는 자. 고문당하는 사람을 위해 어떤 건축적 장치가 필요했는지 알기 위해 건물의 뒷마당으로 돌아 들어가봤다. 둥글게 말린 벽체 사이로 틈새 같은 출입 공간이 눈에 들어왔다. 그 철문을 열고 들어서면 작은 전실이 있고, 들어온 방향과 반대 방향 쪽에 세 명쯤 타면 꽉 차는 관 같은 엘리베이터와 좁은 나선계단이 있다. 눈이 가려진 상태라고 상상을 하며(아무래도 영화를 너무 본 탓에) 나선계단을 올라갔다. 1층부터 5층까지 한 번에 연결된 계단. 두 바퀴가 넘어가면서부터는 얼마쯤 올라왔는지 층의 개념은 물론 방향감각도 상실하게 된다.

계단이 끝나는 층은 5층으로 평범한 중복도가 나 있고 복도를 향해 똑같이 생긴 녹색 문이 반복적으로 촘촘히 붙어 있다. 복도 끝 창문을 가리고 불을 끄면 복도는 어둑한 터널처럼 그 끝을 가늠하기 힘들다. 역시 사람의 의지를 꺾고 정신적인 고통을 가하기 위한 공간은 그 자체가 험악하거나 무시무시할 필요가 없는 것이다. 무표정한 공간과 정지된 시간만으로 충분하다. 여기가 몇 층인지 지금이 몇 시인지 가늠할 수 없고, 이런 공간이 왜 존재하는지 의도조차 알

남영동 대공분실
by Choi

수 없다. 가장 큰 공포는 이 현실이 끝나지 않을 것 같은 막막함이었을 것이다.

안내자 없이 불 꺼진 5층 복도를 혼자 걷는 것은 그 자체로 공포다. 용기를 내어 문 하나를 열어본다. 문이 열리자 시선이 그대로 얼어붙는다. 방 안에 도사린 차가운 기운이 숨을 죽이고 나를 노려본다. 몸이 빠져나갈 수 없는 좁고 긴 세로 창이 가는 빛 한줄기를 벽에 때린다. 저런 창은 대체 왜 만들었을까. 밖에서 볼 때 창 없는 5층이 의심받을까 봐 그랬을까, 아니면 저런 창을 통해서나마 고문받는 사람을 위해 최소한의 조망과 볕을 제공하고 싶었던 것일까. 하지만 이상하게 생긴 저 창은 결과적으로 갇힌 사람들을 더 곤혹스럽게 만드는 또 다른 고문 장치였을 것 같다.

용기를 내어 방문을 닫았다. 금속판으로 완벽한 방음이 되어 있는 좁은 입방체의 공간, 이 옆방도 앞방도 다 똑같은 공간이다. 발바닥에서 서서히 몸 전체로 알 수 없는 전율이 밀려온다. 두려움을 간신히 몰아내고 걸음을 떼어본다. 더 이상 여기서 무슨 일이 있었는지 상상하지 않기로 한다. 좁은 창으로 밖을 내다 보니 벽 하나를 사이에 두고 바깥의 현실이 아주 아득한 풍경처럼 보인다. 그때 바로 옆 남영역 플랫폼에 열차가 들어오는 신호음이 방 벽을 통해 희미하게 울린다. 열차가 들어오고 사람을 싣고 떠나는 소리마저 갇힌 이들에겐 힘들고 고통스러웠을 것이다.

이상한 방에 갇혀버린 사람들의 막막한 이야기는 비단 영화에나 나오는 이야기가 아니다. 사람을 괴롭히는 공간을 의뢰하고 설계한 클라이언트와 건축가의 이야기 역시 소설에만 있는 이야기는 아닐 것이다. 갇힌 사람도 그들을 괴롭히던 이들도, 공간을 만든 건축가도, 클라이언트도 그들이 지금 어디에 있는지, 무엇을 하는지 따질 겨를이 없는 시절이었다. 그래서 이 공간은 지금의 우리에게 또 말을 건다. 우리가 어디쯤 와 있는지, 무엇을 잊고 있는지.

건축의
표정

살면서 가끔 넌 무슨 생각을 하고 있는지 모르겠다는 말을 듣곤 하는데, 사실 나는 가끔 생각 자체가 없다. 아무 생각 없이 멍하니 뇌를 쉬게 한다. 그래야 다음 일을 할 수가 있다. 그렇다고 대놓고 '저는 가끔 생각 없이 살아요'라고 할 수는 없으니 속이 읽힐 수 없을 만큼 깊은 생각에 빠져 있는 표정을 지어야 한다. 생각이 있는 것 같기도 하고 없는 것 같기도 해서 무슨 생각을 하는지 모르겠는 표정. 아마 내가 연애박사의 칭호를 얻은 것도 이런 무위無爲의 표정술을 익힌 덕분이라고 믿는다. 그런 표정은 '저는 생각이 아주 깊걸랑요. 제 무표정한 얼굴은 어떻게 살아야 하는지 이것저것 고민하는 게 많아서 그래요'라고 말하는 것처럼 보이게 한다. 그것이 내 표정 관리의 핵심이다. 그러니 무슨 생각을 하는지 모르겠다는 반응은 표정 관리가 아주 잘된 거고, 아무 생각이 없어 보인다면 내 표정 방어막이 허술해진 틈을 뚫고 제대로 본 거다. 이거 원, 좀 더 방어막 수위를 높여야 하나. 이러한 이유로 길을 걷다 '기가 맑으시군요' 하며 접근하는 이들을 보면 이 사람들 참 그렇게 도를 닦으면서도 내 방어막 하나 뚫지 못하다니 다들 엉터리야 싶은 거다. 내 기가 맑은 게 아니라니까.

하지만 이런 질문을 수도 없이 받다 보니 어린 시절에는 진짜 내 기가 좀 맑은 것은 아닐까 하는 천진난만한 생각을 아예 안 한 것도 아니다. 그렇지 않다면 밖에만 나가면 도를 믿느냐며 내 종교에 관해 궁금해 하는 안면부지의 사람들은 도대체 뭐란 말인가? 내가 그렇게 '도'스럽게 생긴 걸까? 하지만 나이가 들면서 이 모든 일의 발

갤러리 팩토리
by Cha

143

단은 수더분한 내 생김새와 표정관리 전략에서 비롯된 것임을 깨달 았다. 도를 닦기에 적당한 얼굴 구조를 하고 있기 때문이 아니라 내 얼굴은 대수롭지 않게 말을 걸어도 타박하지 않을 정도의 만만함을 허許하고 있었던 것이다. 내게는 좀 더 날카로운 눈매와 입을 벙긋하 기만 해도 오싹해지는 표정이 필요할지도 모른다. 그것도 아니라면 금동반가사유상처럼 웃을 듯 말 듯한 동양의 미소를 띠고 다니던가.

최 소장의 대공분실 이야기를 읽으면서 문득 건물의 표정이란 무 엇일까 궁금해졌다. 대공분실을 처음 보는 사람들은 과연 건물이 악마의 얼굴로 보일까? 대공분실 건물에 초점을 맞춘 최 소장이나 다른 이들이 찍은 사진을 보면 그럴 수도 있겠다. 건물 외벽의 검은 색감이나 두꺼운 철문, 빛도 통할 것 같지 않은 5층의 좁디좁은 창 문과 돌고 돌아 방향 감각을 잃게 하는 원형 계단까지……. 이들을 보고 나면 우리의 감정은 아픈 현대사의 기억과 공명하며 건물을 금 세 악의 소굴로 만든다. 특히 정지영 감독의 「남영동 1985」라는 영 화에서 고故김근태 선생의 비명을 들은 이라면 사진을 보며 귀를 닫 고 싶어질지도 모르겠다.

그러다가 남영동 대공분실을 조금 다른 시선에서 바라본 사진 한 장을 보았다. 대공분실 정문 앞에 있는, 현재 가야호텔 건물 6층 정도 에서 건물과 어느 정도 거리를 두고 찍은 흑백 사진이다. 처음 보고 이건 좀 다른데 싶었다. 일단 감정이입이 없고 차분하다. 여유가 있 어 보인다. 가만히 보고 있으면 배경이 눈에 들어온다. 대공분실 뒤로 남영 전철역 플랫폼이 얼핏 보이고 그 너머로 동네의 낮은 건물들이 멀리 펼쳐져 있다. 사진 속 대공분실은 마치 예전부터 거기 있었던 듯, 주변과 어울려 1980년대 어느 평범한 중소기업 사옥 같다. 사진을 처음 보는 이들이라면 이 건물이 대공분실이라는 사실을 알고는 깜짝 놀랄 것이다. 김두식 의원이 트위터에서 '우리의 일상과 얼마나 가까운 곳에서 고문이 이루어졌는지 보세요' 하며 놀라워했던 것처럼.

어찌 보면 무표정한 내 얼굴과 닮은 것 같기도 한 건물에서 사람들이 고문을 당하고 죽어 나갔다는 사실이 믿기지 않는다. 우리는 어떻게 저런 공간을 주변에 두고 살아올 수 있었을까? 단지 시절이 그러하여 알면서도 견디며 살아온 건가?

나도 저 건물 주변을 지나다닌 적이 있었다. 박종철 고문치사 사건 후 2년 뒤인 1989년, 더할 나위 없이 따스한 5월이었다. 대학마다 축제가 한창이었고 나는 뜨거운 가슴의 청춘들 사이에서 이리저리 밀리며 숙명여대를 향해 대공분실 건너편에 있는 남영역을 빠져나가고 있었다. 시간이 좀 더 흐른 뒤 건축기사 자격증을 따기 위해 남영동에 있는 건축 토목학원에 다닌 적이 있다. 학원은 대공분실이 있는 블록 건너편에 있었고 나는 겨울 찬바람에 코트 깃을 세우고 남영역 플랫폼을 지나다녔다. 하지만 내 삶에 한때 바짝 붙어 지나갔던 이 공간은 내 기억속에 없다. 이마에 '나는 대공분실이야, 까불면 죽어'라고 써 붙이지 않는 이상 도시에서 마주치는 수많은 건물과 구별할 길이 없었다. 그러니 시간이 흘러 대공분실의 정체를 알고 난 뒤, 남영역 플랫폼에서 건너편 그 건물을 바라볼 때 '이렇게 일상 가까운 곳에서 고문이 이루어졌다니' 하는 당혹감은 '알고 보니 옆집 아저씨가 어린이 유괴 사건의 범인이래'라는 말을 듣는 경악스러움과 크게 다르지 않았다.

어떻게 이런 일이 가능했을까? 흑백사진은 여기에 대한 답을 들려주는 것 같다. 바로 옆 호텔에서 누군가 사랑을 나누고 있을 때, 또 누군가는 학원 의자에 엉덩이를 간신히 붙이고 앉아 칠판을 바라보고 있을 때, 대학 축제에서 어느 신입생이 벽을 붙잡고 퍼마신 막걸리를 토하고 있을 때, 도시 한구석에서는 누군가 타인의 머리를 물속에 집어넣고 그의 비명이 좁디좁은 창문을 통해 가냘프게 허공으로 퍼지다가 지나가던 기차에 실려 어디론가 사라진 것이다. 그리고 잔혹한 일이 자행되던 대공분실은 무표정한 도시의 건물들 사이에서 비슷한 얼굴로 숨죽이고 있었다. 그는 숨지도 않았으며, 숨을 필요도 없었다. 그저 우리 바로 곁에서 주변 것들과 비슷한 표정을 짓고 있었을 뿐이었다. 탈 기호화된 현대 도시의 건물들은 의도치 않게 익명성이라는 보호색으로 그것을 숨겨주었다.

건물의 익명성은 근대의 산물이다. 중세 이전 건축물들은 그 자체가 하나의 스토리를 갖는 서사 구조체로서 자신의 얼굴에 표정을 드러낸다. 특히 서양 건축에서 건물 정면에 해당하는 부분을 파사드facade라고 하는데, 사람으로 치면 얼굴에 해당하는 부분이다. (어원 또한 '얼굴'을 뜻하는 영어의 face와 동일하다.) 여기에 입체적, 시각적 장치들이 배치되어 있어 사람들은 파사드를 통해 건축물이 주는 메시지를 이해할 수 있었다. 신전은 신전임을, 목욕탕은 목욕탕임을 건물의 표정으로 알 수 있었던 것이다. 이런 건축양식은 근대 자본주의 이후 도시로 인구가 급격히 유입되고 실용적인 건축양식들이 선호되면서 차츰 사라지게 되었다. 합리적인 모더니즘이 세상을 지배하게 되면서 얼굴의 표정들이 비슷해진 것이다.

서울시 종로구 창성동 127-3의 사람 얼굴을 닮은 작은 집, '갤러리 팩토리Gallery Factory'는 모던의 백색주의에 작은 반기를 든 건물이라 할 수 있다. 건물을 처음 보고, 아니 얼굴에 표정까지 갖고 있군, 했다. 건물은 2008년 란디 앤드 카르티네Randi & Kartine라는 덴마크 예술가 듀오가 리모델링한 「하우스 인 유어 헤드House in Your Head」라는 작품이다. '얼굴'은 인중人中을 기준으로 윗부분은 나무 널을 쌓아올려 각질이 일어나 울퉁불퉁하고 아랫부분은 전면 유리로 입을 쩍 벌리고 있는 형상이다. 유리 안쪽으로 내려놓은 블라인드가 치아처럼 보여 전체적으로 우락부락한 크로마뇽인을 닮았다. 밤에 2층 창에 불이 들어오면 빛이 새어나오는 방향에 따라 눈알을 이리 저리로 굴리는 것처럼 보인다.

작가들은 이런 얘기를 한다.

"집이라는 것은 친근하면서도 기묘한 대상입니다. 밖에서 봤을 땐 모두 멀쩡해 보이지만 그 내부에는 무엇이 있는지 모르죠. 그러한 이중적 면모는 사람의 속성과 매우 비슷합니다. 우리는 관람객들이 그 내부를 들여다보고 싶게 만드는 역할을 하고 싶어요."

관람객이라는 말 앞에서 이분들이 건축가가 아니라 예술가의 입장에서 집을 바라본다는 것을 알 수 있지만, 적어도 내부에 무엇이 있는지 호기심을 불러일으키는 입면이라면 공동의 관심사가 될 수 있겠다.

어떤 이는 도시에서 우리의 삶에 녹아들어 있는 듯 없는 듯 존재를 알 수 없는 건물이 좋은 건물이라고 말한다. 하지만 나는 좀 튀더라도 도시의 즐거운 표정에 도움이 되는 쪽에 한 표를 던지겠다.

한 세상 산다는 것은 세월을 견뎌내는 일이고 도시인들에게는 평생 도시를 버텨내야 하는 일일 테니, 일본의 건축가 안도 다다오安藤忠雄처럼 '도시 게릴라'로 전투적 삶을 살든 하릴없는 만보객이 되든, 도시의 발랄한 표정이 우리의 일상에 호기심을 자아낸다면 사는 게 조금 수월해지지 않을까. 그런데 이렇게 말을 하고 나니 '사는 게 어려운 것도 건축이 해결해야 하는 건가?' 하는 의문이 드네.

갤러리 팩토리
by Cha

표정
없는

표정

환기미술관
종로구 자하문로 40길 63

내 기억에 처음 본 대공분실 외관 사진은 건물 동쪽 위에서 찍은 것으로 담 뒤로 역 플랫폼과 사람들이 있고 그 뒤로 집과 건물이 무대 배경처럼 펼쳐져 있었다. 차형이 봤다는 사진과 같은 것일까. 하지만 일상적 풍경에 스며든 평범한 집으로 보기엔 잿빛의 대공분실 외관은 익명성을 보장하기 힘들어 보였다. 어떤 초자연적인 기운 같은 것이 실제로 존재한다면 그런 것이 사진에 잔뜩 끼어 있는 느낌이랄까. 내 눈엔 특별하게 보였다. 다만 그런 수상한 느낌을 받더라도 의심하거나 궁금해 하는 것 자체가 억제된 시대를 거쳐 왔다는 게, 이 집을 차형처럼 보통의 범주에 속한 무표정한 도시 건축으로 읽게 했던 이유였을지 모르겠다. 아무리 봐도 평범하지는 않은 검은 벽돌 건물로 1호선 남영역 바로 옆에 세워졌지만 감히 누구도 그 집의 범상치 않은 표정에 의문을 제기하지 않았던 것이다. 아무튼 그 사진을 본 순간은 내겐 좀 슬픈 기억으로 남아 있다.

그나저나 나 역시 왜 요즘은 '도를 믿으세요' 하던 사람들이 안 보이는 걸까 궁금하긴 하다. 그들도 경기침체의 영향으로 다른 일거리를 찾아 나선 건가. '표정은 타인을 향한 기호'라고 한 사회학자 이진경씨의 가정이 맞다면 사람의 표정에 따라 그가 어떤 인간인지 한눈에 알아보고 '도를 믿으세요'라는 그 뻔한 말을 천연덕스럽게 던지는 사람들은 분명 웬만한 기호학자는 명함도 못 내밀 경지에 이른 것일 게다. 거리 인파들 사이에서 발산되는 수많은 '기호' 중에 비호처럼 이거다 싶은 목표물을 재빠르게 찾아내야 했을 테니.

'도' 하면 생각나는 고전 『도덕경』에도 화광동진和光同塵이라는 유명한 구절이 있다. 자신의 재능을 숨기고 자신을 드러내지 않는 덕목을 갖추어야 세상을 얻는다는 얘기다. 언뜻 노련한 정치가에게 필요한 전략적 표정을 의미하는 것처럼 들리지만 보편적인 삶의 지혜로서 새겨야 할 표정의 기본을 말하는 것 같기도 하다. 그러고 보면 비인위적인 자연성을 중시하는 도가의 중심 사상인 무위無爲, 마음을 비우고 상대를 기다리는 마음으로 대화한다는 장자의 심재心齋 역시 뜻이 통하는 이야기다. 그러니 거리에서 도를 전파하는 그들에게 차형 같은 무위의 표정이나 나 같은 심재의 비범함이 전해졌을 땐, 길거리 캐스팅에서 벗어날 방법은 애초에 없는 것이다. 하지만 그분들께 나름 꽤 먹히는 인상을 가진 나는 그때마다 화광동진의 표정을 지으며 단호하게 뿌리치곤 했다. '인상이 너무 좋으세요.' (그런 말은 늘 듣는 편입니다만.) 혹은 '안광이 매우 웅대하십니다.' (그래 나 얼굴 크다.) 또는 '조상님 덕이 참 많은 상이네요.' (그래서 내가 이 모양으로 사는 건가요) 등등. 도를 닦기에 적당한 얼굴인지는 모르겠으나 표정의 기호학을 통달한 그들이 보기엔 선량하고 구김살 없는 나의 나이스한 외모가 왠지 동족의 인상이라고 판단했던 것 같다. 하지만, 나는 그들의 기대와는 달리 무표정으로 반문하곤 했다. "그래서요?"

건축이 사람과 닮은 면이 있다면 차형이 말한 대로 밖에서 볼 땐 멀쩡해도(나처럼) 그 속의 내용은 짐작하기 힘들다는 점이 아닐까. 표정을 보고 말 붙일 이와 아닐 이를 판단하는 게 어려운 일인 만큼

겉만 보고 집을 판단하는 것 역시 쉽지 않은 일이다. 안에 뭐가 있는지를 알고 모르고가 중요한 게 아니라 표정으로 드러나는 어떤 기호가 있고, 표정에는 잘 드러나지 않는 속 깊은 기호도 있을 테니까.

겉으로는 특별한 것도 없고 무표정해서 얼핏 접근하기 힘들어 보여도 잘 보면 의외로 선한 눈과 열린 귀와 살짝 벌어진 입 덕분에 말 한번 걸어보고 싶게 만드는 차형 같은 사람도 있다. 일찍이 포크 그룹 동물원의 김창기는 "무표정도 표정이라면 얼마나 표정들이 많은지"라며 노랫말을 빌려 무표정의 다채로움에 대해 말한 바 있지 않나. 표정 없는 표정의 마술사가 누구냐고 묻는다면 차형만 한 사람도 없다는 걸 지면을 통해 주장하려니 참 답답하다(인증샷이 필요할 듯). 어디 사람뿐이겠는가. 표정 없는 표정, 곰곰이 생각해보면 그런 건축도 꽤 많다. 이를테면 차형 같은 건축이랄까.

건축가들 사이에서 '환기미술관'은 한국을 대표하는 건축 중에 늘 상위권(건축을 순위로 매기는 건 좀 이상한 짓 같지만)을 차지하는 곳이다. 하지만 일반인 눈에는 환기미술관이 대체 뭐가 멋있는지, 어떤 의미가 있는지 알 듯 모를 듯한 모양이다. 갤러리 팩토리처럼 눈 코 입 그려진 확실한 표정도 없고, 전철역 옆에 우뚝 서 있는 검은 벽돌 집처럼 수상한 구석도 없으니 말이다. 하지만 얼핏 보면 단순해 보이고 별 특징 없게 느껴지는 이곳으로 들어가 돌아다녀보면 겹이 참 많은 공간이라는 것을 감지하게 된다. 굳이 비교하자면 무표정하고 황량한 추사 김정희의 세한도와 닮은 것 같다. 설마 이 그림이 조선후기를 대표하는 문인화 중 하나냐고 반문하는 누군가에게 환기미술관도 그런 것입니다, 라고 한다면 어째 좀 이해가 되시는지. 무표정을 가장하며 풍부한 표정을 감춘 공간이 바로 환기미술관이다.

겉모양만 봐서는 건물의 존재감이 잘 드러나지 않고 크기와 모양도 한눈에 파악되지 않는다. 집을 짓기 위해 거친 경사 지형을 살살 달래가며 조성한 자연스러운 외부 공간이 있고 그 외부의 흐름 속에 기능이 필요한 만큼의 크기로 들어앉았다. 땅과 대립하지 않으려는 절제와 관용이 돋보인다. 미술관 터는 본래 대지의 끝과 전면도로의 고저차가 8미터나 되어 건물을 앉히기 위해 반듯하게 절토切土를 하고 나니 막상 집 지을 공간이 남지 않는 난망한 상황이었다. 건축가는 화가 김환기가 평생에 걸쳐 화폭에 표현하려 했던 한국적인 정서를 공간으로 치환시켜 미술관을 세 채로 작게 분리한 다음, 급한 경사지를 다시 세 단으로 구분하여 배치의 기본 틀을 잡았다.

입구 좌측으로 산책로가 시작되고 계단을 오르면 소나무 정원과 정갈한 박스 형태의 집이 하나, 그 사이로 지형에 어울리는 오솔길이 열린다. 길 끝에는 단 위에 주 전시장 건물이 서 있는데 집의 형태가 정면을 강조하지 않고 약간 빗겨나 있어 실제 크기에 비해 소탈한 공간감을 갖는다. 전시장의 내부 홀은 1~3층이 모두 열린 공간으로, 천장에서 쏟아지는 고른 볕을 계단 벽면에 전달하면서 공간마저 작품이 된다. 또한 나선계단이 둘레를 돌며 각층의 전시장을 하나의 산책로처럼 연결하는데, 이는 동선을 의도적으로 길게 늘려

관람객으로 하여금 작지만 큰 전시를 경험하게 해준다.

작품을 관람하며 나선계단과 홀 주변을 산책하다 보면 크지 않은 단순한 공간임에도 마치 미로를 헤매는 느낌이 든다. 이는 단순하지만 복잡한 김환기의 작품세계와 정서적으로 닮아 있다. 전시 관람을 모두 마치고 다시 입구로 나오면 미술관 측벽을 타고 위로 오르는 외부 계단이 방문객의 발길을 끌어당긴다. 내부 산책의 끝에서 연결되는 외부 산책의 시작점이다. 길은 건물 외벽을 따라 도는 또 하나의 나선형 계단으로 코너마다 작은 마당을 거친 후 옥상 정원에 닿게 되는데, 옥상 정원 한편에는 실내로 이어지는 문이 있으니 종합해보면 시작도 끝도 없고 내·외부가 경계 없이 흐르는 무한의 공간이라는 말씀. 꿈보다 해몽일지도 모르지만.

김환기 화백이 뉴욕에서 만들어낸 마지막 10년간의 작품은 극단적으로 생략된 서구적 추상주의의 틀을 취하고 있다. 하지만 이는 이전에 발표했던 주제를 점·선·면으로 기법상 함축을 시도했을 뿐, 결과적으로 작품의 두께와 깊이가 갖춰지는 과정은 크게 다르지 않다.

뉴욕에 머물던 시절, 그는 절제된 그림으로 더 풍부한 표정을 드러내기 위해 노력했다. 1970년에 그린 대표작 「어디서 무엇이 되어 다시 만나랴」는 바로 그런 화가의 복잡한 마음, 이국 생활의 고독, 고향에 대한 그리움, 인연의 아쉬움들이 표정 없는 표정으로 표현된 것이다. 그는 수많은 점 하나하나가 다 인연이라고 했다. 그 인연들이 점으로 소멸되고 점으로 탄생하는 시작도 끝도 없는 장면은 마치 바다처럼 광활하여 보는 이의 마음을 울린다.

으스대지 않고 겉으론 느슨하게 경계를 풀고 모든 것을 담을 듯이 넉넉한 포즈를 취한 환기미술관. 큰 예술가가 남긴 작품과 그의 세계를 이해하고 싶었던 건축가의 마음이 잘 어우러진 공간이다. 잘 열린 귀와 살짝 벌어진 입을 가진 내가 잘 아는 어떤 무표정한 남자처럼 괜히 말 한번 걸어보게 만드는 건축이 아닐는지. 이렇게 쓰고 보니 생전의 김환기 선생과 차형의 표정이 닮았던 건 아닐까, 궁금해진다. 그렇다면 선생 역시 '도를 믿으세요?' 하는 분들이 좋아할 그런 표정의 소유자였을지도. 문득 젊은 날의 선생 사진을 보고 싶다. 아마 차형도 궁금하겠지?

산다는 건

점 하나를
찍는 일

도시의 밤풍경

한때 미술관을 돌면서 데이트를 하던 시절이 있었다. 미술에 환장했던 건 아니고 데이트 비용이 적게 들어서였다. 특히 과천 국립현대미술관에 다녀오면 거의 하루가 다 가니 한나절 보내기에 미술관만 한 곳도 없었다. 입장료는 500원, 둘이면 1,000원. 쪼잔하다고 손가락질할 사람도 있겠지만, 학생이 돈이 어디 있어 날마다 찻집이며 술집을 드나들겠는가. 그렇다고 여친 만들기를 포기할 수도 없고.

환기미술관 역시 학교 근처에 있어 가끔 들르는 코스 중 하나였다. 당시 일이야 20년이나 지난 탓에 자세하게 기억나지는 않지만 나를 '형'이라고 부르던 지금의 아내와 함께했던 장면은 가끔 떠오르곤 한다. 그런데 최 소장의 환기미술관 예찬을 듣다 보니 얼굴이 다 화끈거린다. 그렇게 공간이 풍부했나? 왜 내 기억 속에는 아무것도 없지? 아무리 데이트 위주의 미술관 답사(?)라지만 명색이 건축학도인데 도대체 뭘 보고 다녔단 말인가, 하는 질책을 해보지만 정말로 딱히 떠오르는 게 없다. 내 머릿속에 남아 있는 장면은 커다란 캔버스에 찍힌 점들, 푸른빛의 그 유명한 점들뿐이다. (그래도 나는 양호한 편이지. 내가 환기미술관 얘기를 꺼내자 아내는 '우리가 환기미술관에 갔었어?' 한다. 세월이란…….) 김환기 화백의 그 유명한 푸른 점은 뉴욕 시절 떠나온 고향을 그리워하며 하나씩 그려간 것이라고 알려져 있다. 그래서 그의 추상은 기억과 감성으로 충만한 서정적 추상으로 불린다.

예전에 신도시 아파트의 명멸하는 불빛들로 가득한 밤 풍경에서 김환기의 점들을 떠올린 이야기를 쓴 적이 있다. 고속도로를 타고 경부선 달래내 고개를 넘자 분당이라는 거대한 신도시가 순간 눈에 들어오고, 이어서 허허벌판에 세워진 거대한 콘크리트 숲에서 새로운 삶을 시작하는 사람들의 이야기가 불빛으로 웅성거리기 시작한다는 뭐 그런 내용이었다. 나름 괜찮은 글이라고 생각했는데 언젠가 최 소장에게 얘기를 꺼내자 그 얘기 나도 썼어, 라는 답이 돌아온다. 이 동네가 건축하는 사람들에게는 다 똑같아 보이나 보다. 하지만 최 소장이 이 신도시의 초창기 시절 밤 풍경까지 아는지 모르겠다. 양재동에서 미어터지는 200번 버스에 대롱대롱 매달려 산 넘어 신도시까지 가던 시절. 그 시절의 밤 풍경도 삶의 이야기로 반짝이고 있었을까?

시범단지가 들어서기 전, 땅은 낮은 구릉을 메운 밭들 차지였다. 시범단지가 지어진 후, '푸른마을' '이매촌' 등의 친근한 듯 낯선 이름의 구역들이 들어서고 주민들이 입주하기 시작했지만, 신도시는 여전히 '베드타운bed town'으로 불렸다. 처음 이 단어를 접하는 사람들은 침구류를 파는 가게들이 밀집한 거리라든지 침대에 얽힌 다소 낯뜨거운 장면을 연상하지 않을까 싶지만 나는 그곳에 살면서 민망함보다는 침대와 타운이 만나면 도시가 될 수 있다거나, 침대로도 타운을 만들 수 있다는 사실에 놀랐다. 기왕 그렇게 불린 거 정말 침대에서 모든 일을 할 수 있는 도시였다면 더 좋았을 텐데.

아침에 침대에서 일어나 "여보 나 일하고 올게" 하고 옆방 침대에

도시의 밤풍경
by Cha

앉아서 일을 한다. 밥도 침대에서 먹고 친구에게서 전화가 오면 "야 오늘 침대 카페에서 한번 볼까?" 하고 약속을 잡고는 침대 버스를 타고 그리로 가는 거다. 참신한 발상이며 진정한 미래지향적 도시라 하겠다. 그런데 왜 소파타운이나 텔레비전타운은 없는지 모르겠다. 버제스Ernest Watson Burgess(베드타운 이론의 창시자)가 좀 더 열심히 아이디어를 짜내지 않았던 것일까? 만일 텔레비전타운이 있었다면 온 가족이 텔레비전 곁에 둘러앉아 하루를 보내는 화목한 가정들이 많았을 텐데.

하지만 베드타운은 실제로 이런 상상과는 정반대의 아주 건조하고 삭막한 도시였다. 1990년대 초 그곳에서 확인할 수 있던 것은 베드를 빼고는 아무것도 없는 다소 우울한 20세기적인 도시 현상이었다. 당시는 사람들이 모두 베드에 들어가 있든가 아니면 타운 밖에 있어서인지 도무지 타운은 타운 같지 않았고 도시는 그저 조용하기만 했다. 타운에 베드밖에 없는데 시끄러울 리가 있겠는가. 그러니 뜨거운 여름이면 땅에 쏟아지는 햇빛마저 소리를 내는 듯 했고 가을에는 귀뚜라미만 사는 것 같았다.

당시 나는 화공학도에서 건축학도로 진로를 변경하고 이왕 늦은 거 기초부터 차근차근 다지겠다는 생각으로 제도판에 종이를 올려놓고 선 긋기에 매진하던 때였다. 타운이 조용하니 집중하기에는 좋았다. 제도판 옆에는 일, 이, 삼 단계의 뭔가 발전적인 이미지가 느껴지는 칸딘스키의 『점 선 면』이라는 책이 있었다. 그는 점은 모든 것의 시작이라고 했다. 우리의 시작은 점부터다. 점을 계속 찍다보면 선이 되고 선이 모이면 면이 된다. 아, 그렇구나! 그날 이후 나는 계속 점을 찍었다. 4년 내내 점을 찍다 보니 졸업할 때가 오고 이제 나도 점은 좀 찍는 게 아닐까 싶었는데 회사에 가보니 고수들이 참 많더라. 대충 쓱쓱 그리는 스케치가 스케일이 척척 맞지를 않나, 도대체 얼마나 점을 찍어야 저 경지에 이를까 부러워하면서 화장실부터 점을 찍어나갔다. 그렇게 정신없이 찍다 보니 어느 날 회사가 '자네 점 좀 찍는군' 하더라. 이제 나도 점이라면 달인의 경지에 오른 건가 하고 감격했는데, 회사를 옮겨보니 웬걸, 이마에 '점 대장'이라고 쓰고 다니면서 말만 하면 입에서 점이 쏟아지는 사람들이 한두 명이 아니었다. 그때 알았다. 점 찍기는 끝이 없구나. 평생을 두고 해야 하는 일이구나. 죽을 때까지 찍을 점이라면 정신없이 서두르지 말고 나름의 페이스로 찍고 싶다. 천천히 주위를 돌아보면서 토끼와 거북이에 나오는 거북이처럼. 그래서 나는 오늘도 점을 찍고 있다. 지금도 봐라 키보드 자판을 열심히 두드리면서 문장이 끝날 때마다 점을 꼭꼭 눌러대고 있지 않은가.

미술사를 뒤져보면 점으로 자신을 말하는 사람들이 있다. 내게 점 찍는 일이 건축에 여념이 없던 삶에 대한 은유라면 19세기 점묘파 화가들은 현실의 모습을 재현하기 위해 실제로 점을 찍었다. 우리가 학창 시절 외웠던 인상파 화가들 중 소르주 쇠라Georges Pierre Seurat, 폴 시냑Paul Signac 등의 이름이 기억날지도 모르겠다. 현대에 와서는 이 분야의 달인이라 할 수 있는 구사마 야요이草間彌生 여사가 있다. 일본 나오시마 세토 바다를 바라보는 점박이 노란 호박—

실제 작품 명은 「PUMPKIN」—이 그녀의 작품이다. 어린 시절 폐쇄적이고 억압적인 집안 환경 탓에 신경증을 앓던 그녀는 뉴욕에서 작업 도중 몸과 작업실 전체를 뒤덮는 점들의 환영을 본다. 의사는 신체적으로 이상이 없다는 소견을 냈지만, 그녀는 매일 밤 질식할 듯 죄어오는 점들에 가위를 눌리는 고통을 겪었다. 이렇게 지속되는 편집증과 환각증세의 고통을 치유하기 위해 그녀가 선택한 것은 같은 문양이나 요소를 무한히 기계적으로 반복, 집적, 확산시키는 것이었다. 즉, 편집증을 하나의 작업방식으로 연결하기에 이른 것이다. 그녀의 점은 현실과 환영을 넘나드는 치유의 통로였다.

요즘 퇴근이 늦어 집에 가는 코스를 지하철에서 버스로 바꾼 덕분에 올림픽대로를 달리며 한강의 야경을 본다. 강 너머 고층 아파트들과 남산 언저리의 집들이 불을 밝히고 있다. 늦은 저녁을 준비하는 피곤한 여인의 어깨를 밝히는 불빛과 밤늦은 공부를 시작하는 수험생의 책상 조명, 그리고 다음 날 출근을 위해 휴식을 취하는 어느 가장의 머리 위를 밝히는 거실의 불빛이 창 너머로 비추는 것일 테지. 한강은 잔잔하게 일렁이며 이들을 품는다.
얼마 전 서울시에서 '야경 10선'을 골랐던데 그중에 한강 유람선을 타면서 바라보는 강변 풍경이 순위에 올랐다. 참 서울에 볼 거 없네 싶은 결과다. 만일 내게 물었다면 남산순환도로를 따라가다 발 아래로 펼쳐진 이태원과 광복동 저멀리 마포까지 펼쳐진 수많은 불빛들의 풍경을 꼽았을 텐데.

깊은 밤 반짝이는 불빛들을 가만히 보노라면 사람들이 저마다 자기 몫의 점을 찍고 산다는 게 느껴진다. 내가 찍어온 점들은 어떤 선을 만들고 있을까? 일자로 쭉 뻗은 직선일까? 아니면 한없이 구부러진 꼬불꼬불한 곡선일까?

우리가 산다는 것은 결국 점 하나를 찍는 일인지도 모르겠다. 어떤 이는 두고 온 이를 그리워하며, 어떤 이는 상처의 흔적을 지우기 위해, 또 어떤 이는 내일의 날갯짓을 위해 점을 찍는다. 그렇다면 이런 물음도 가능하리라. 오늘 우리는 어떤 점을 찍었으며 내일은 또 어떤 점을 찍을 것인가? 도시의 밤은 이런 철학적인 물음을 던지고 있었다. 그나저나 최 소장은 어떤 점을 찍고 살고 있는지 궁금하네.

노스탤지어
산책

북촌
종로구 계동길

차형의 점 얘기를 쭉 듣다 보니 얼마 전 아내가 얼굴에 난 작은 점을 빼고 싶다고 말한 게 기억이 났다. 잘 보이지도 않는데 그냥 갖고 살지 했다가 별 좋은 소리를 못 들었는데, 가만 거울을 보니 내 얼굴에도 못 보던 사이에 작은 점들 몇 개가 피어 있다. 대체 언제 핀 건지. 어디선가 끊긴 우주의 인연들이 작은 점이 되어 내게 신호를 보내는 건가 하고 베르나르 베르베르의 소설 한 대목 같은 상상을 잠깐 했다.

서울의 직장과 베드타운의 집을 오가며 명멸하는 아파트 불빛 속에서 김환기의 그림을 떠올린 게 어디 차형만의 노스탤지어일까. 오늘날 서울과 수도권의 아파트를 오가는 모든 직장인들은 이 느낌이 뭔지 잘 알 것이다. 나로 말하자면 『어떤 건축』이라는 첫 번째 저서(3년도 못 가서 깔끔하게 절판되었지만)의 내용 가운데 「아파트」 편에서 비슷한 이야기를 쓴 바 있다. 차형과 내가 공교롭게 같은 생각을 한 것을 보면 과거의 어느 날, 그와 자주 시간을 보냈던 한가한 저녁 어귀에 치킨과 맥주를 나누며 김환기의 그림과 아파트에 대해 하릴없는 수다를 떨었는지도 모를 일이다. 차형과 나는 십 수 년간 차형이 말한 그 베드타운의 여러 치킨 집에서 지겹게 치킨과 맥주를 함께 먹어 온 사이고 그런 허튼 시간들을 보내며 오갔던 허튼 소리 역시 무진장 많을 것이기 때문에.

솔직히 김환기 화백으로 시작하여, 베드타운의 창시자 버제스(이름도 가물거리는)로 이어지면서 칸딘스키(오, 『점 선 면』)와 구사마 야요이 여사(여사님 작품, 난 그저 그런데……)까지 굴비 엮듯 엮어나가는 글을 보면서 바통을 이어받은 나로서는 참으로 착잡하고 부담스러운 기분을 느끼지 않을 수 없다. 음, 이런 식이라면 나 역시 밀릴 수 없으니 못지않게 명성 자자한 이름들을 줄줄이 깔아줘야지. 한데 뭔가 구사마 야요이나 버제스처럼 있어 보이는 이름들은 생각나지 않고 김환기 화백 그림 속의 무수한 익명의 점 같은 이름들만 자꾸 맴돌 뿐이다. 과거에 스쳐지나간 여자들(웅?), 어찌된 일인지 소식이 끊긴 친구들, 선배들, 한때 친했지만 멀어진 사람들 등등. 더 생각한들 고작 세상을 시끄럽게 한 악명 자자한 범인들 이름이나 수년 전 설계비를 떼먹은 김모씨(아, 내 돈) 같은 이름 따위만 떠오르니 결국 기분이 울적해질 수밖에. 대체 왜 이런 빼고 싶은 얼굴의 점 같은 이름들만 줄줄이 기억나는 건지. 그래서 일단 내 기억 속에 나도 모르게 각인된 몹쓸 점부터 빼야겠다 싶어 아내와 딸을 데리고 산책을 나섰다. 차를 몰고 무작정 찾아간 곳은 북촌이었다.

홍상수 감독의 영화 「북촌방향」을 아시는지. 이 영화를 보고 북촌을 걷다 보면 우디 앨런의 영화 「미드나잇 인 파리」가 떠오른다. 어쩌면 「미드나잇 인 파리」를 보면서 「북촌방향」을 무의식중에 떠올렸는지도 모르겠고. 어쨌든 오래된 도시 공간이 '밤'이라는 미스터리한 시간과 만나면 얼마나 기묘하고 신비로운 이야기가 탄생하는지 두 영화는 잘 보여준다. 우디 앨런 영화 속 파리는 실제의 파리보다 한결 부드럽고 유연하고 종잡을 수 없는 타임캡슐 같은 장소로 그려진다. 1920년대 파리의 어느 골목들, 옷차림과 자동차 모델만 달라졌을 뿐 배경이 되는 도시의 모습은 그대로여서 벌어진 시간의 차이는 거의 없어 보인다. 또한 벨 에포크La belle époque(좋은 시절이라는 뜻으로 19세기 말에서 20세기 초 예술과 문화가 번창하던 시기를 가리킨다)로의 과거 여행, 신데렐라의 호박마차를 대신하는 클래식 푸조, 밤 12시, 그리고 코스 요리처럼 줄줄이 등장하는 스콧 피츠제럴드, 파블로 피카소, 어니스트 헤밍웨이, 살바도르 달리, 루이 브뉘엘, 만 레이, T.S. 엘리엇, 고갱, 로트렉, 드가…… 헉헉.

100년도 훨씬 넘는 시간을 오가는 동안 현재의 공간으로 어렵지 않게 판타지를 만들어내는 도시라니, 영화를 보며 나는 내내 부러웠다. 만약 '미드나잇 인 서울'이었다면 어땠을까? 북촌이라면 가능할까? 연작으로 「로마 위드 러브」가 나왔으니, 만약 우디 앨런 옹께서 순이 프레빈 여사의 모국에서 한 편 더 찍겠다고 한다면 북촌과 가회동, 계동 정도가 유일한 후보지가 아닐는지.

한데 우리에겐 이미 홍상수라는 한국형 블랙코미디의 대가가 존재하고, 그분이 이미 북촌을 소재로 영화를 찍으신 바 있다. 바로 「북촌방향」. (내가 바라는 영어 제목은 「미드나잇 인 서울」이지만) 홍상수표 영화답게 이 영화도 '주접'의 정수를 보여주는 남자들이 등장하고 그런 남자들을 갖고 노는 여자가 등장한다. 해가 지면 술 먹으며 헛소리하다가 아침이 되고, 다시 해가 지면 술 먹고 헛소리하다가 아침이 되는, '낮 뜨거움'에 대한 솔직담백한 보고서.

「북촌방향」에 등장하는 공간들은 왠지 외국 여행 중에 경험했던 낯선 풍경을 떠오르게 한다. 인물들이 계속 알 듯 모를 듯한 말들을 지껄이는 까닭에 그랬는지 모르겠지만, 영화 속 장소들은 주문에 걸린 마법의 공간처럼 익숙하지만 낯설고 기이하지만 일상적이다. 이름 모를 골목, 정독도서관, 한정식 집 '다정', 술집 '소설', 눈이 가득한 길거리, 공간을 오가는 사람들과 아침과 밤이 교차하며 이야기는 현실의 시간을 초월한다. 아마 영화의 중간쯤 어디서 많이 본 듯한 1930년대 지식인이 튀어나와 당대의 시대상을 토로하기라도 했다면 「미드나잇 인 파리」 부럽지 않은 한국형 벨 에포크 판타지가 되었을 것이다. 시인 백석과 이상, 현진건과 김유정 같은 문인들의 등장을 상상하는 것만으로도 가슴이 뛴다.

북촌의 마법은 작은 집들이 반복적으로 집합된 배치의 특징과 미로처럼 얽힌 골목들의 공간 구조와 관련 있을 것이다. 혹시 '미드나잇 인 서울'을 기획 중인 영화사가 있다면 참고하시길. 1920년대 이전 가회동을 중심으로 한 북촌 지역은 방만 수십 칸이 넘는 저택을 소유한 권세가들이 많았다. 지금보다 길도 넓고 집도 컸다. 하지만 이들은 일제강점기를 거치면서 무너졌고 토지는 개발업자의 손에 넘어갔다. 이후 저택이 헐리고 작은 규모의 개량 한옥들이 대량으로 신축됐는데, 이런 집들이 지금에 이르렀다. 당시 상황에서 보자면 일종의 중산층 아파트 단지라고 해야겠다. 새로 입주한 이들에겐 밤마다 집을 오르는 길에 보이는 언덕의 불빛이 신도시 베드타운의 명멸하는 불빛을 보는 지금의 풍경과 크게 다르지 않았을 것이다.

좁은 길과 작은 집, 그것들의 반복으로 이루어지는 작고 세밀한

북촌
by Choi

풍경들이 북촌의 공간을 이룬다. 산책하다 보면 시점이 원경보다는 근경에 맞춰지고 눈의 피로감이 줄어든다. 북촌은 불과 10년 전만 해도 계륵 같은 지역이었다. 개발과 성장을 내달리던 시대가 미처 처리하지 못한 퇴물 취급을 받기도 했다. 하지만 이제 600년 고도古都의 흔적을 간직한(실은 20세기 이후 만들어진 개량 한옥들이지만) 역사적 장소라는 훈장을 달고 새롭게 각광 받는 핫 플레이스가 된 것이다. 동네 팔자 시간문제다.

평일과 주말 가리지 않고 이곳을 찾는 방문객 수가 굉장히 늘었다. 따지고 보면 그저 사람 사는 주택가일 뿐인데 이곳 거주자들은 이러한 현상에 불만이 있지 않을까. 어제의 핫 플레이스가 하루아침에 찬밥 신세로 전락하는 경우가 숱하게 벌어지는 서울이다 보니 이렇게 들끓다가도 하루아침에 인적이 뚝 끊겨버리는 건 아닌지 걱정스러운 마음도 든다. 한데 본래의 조용한 주택가로 되돌아가려면 그러는 편이 나을 것도 같으니…… 음, 뭐가 좋은 건지는 잘 모르겠다.

골목 초입에는 사람이 많지만 북촌은 넓고 골목은 많으니 잘만 피해 다니면 금세 영화의 한 장면에 나올 법한 조용하고 시대 구분 안 가는 길목을 만나게 된다. 그곳에서 천천히 산책하다 보면 복잡했던 머릿속이 이내 편안해진다. 쉴 곳을 찾다가 마침 언덕 끝에 있는 집 대문이 열려 있어서 문틈으로 고개를 비죽 들이밀고 상황을 살폈다. 한 50평쯤 될까 말까한 대지. ㄷ자로 한옥이 있고 작은 마당이 '잘 왔어, 여기서 쉬어가' 하는 표정으로 우리를 바라보았다. 살림집 겸 전통 의복을 만드는 장인의 작업실이다. 입장료도 붙어 있다. 돈을 지불하고 안으로 들어갔다. 막상 들어가 보니 장인의 실력이 발휘된 근사한 전통 의복은 보이지 않고 보물 같은 자개장(그야말로 장인이 만든 것 같은)과 100년은 넘어 보이는 반닫이(당대의 장인이 만들었을 듯한)가 있었다. 쉴 목적으로 들어온 터라 어쨌든 장인이 만든 다른 물건들을 대충 훑은 다음 마루에 걸터앉아 마당과 초콜릿 빛 옹기들을 보기 좋게 모아둔 장독대와 그 너머 담 밖으로 보이는 북촌의 전경을 내다보았다. 그때 딸이 불쑥 이런 말을 던졌다. "이 집 참 살기 좋은 것 같아, 아빠." 여덟 살짜리 입에서 나온 그 말이 재밌어서 "뭐가 그리 좋은데?" 하고 물으니 "응, 방끼리 서로 이어져 있어 좋고 막히지 않아 좋고 집이 커서 좋아"라는 대답이 돌아온다. 그 말을 듣는 순간 나도 모르게 '신동인가? 어린 나이에도 한옥의 공간 구조를 제대로 파악하고 있구나' 하고 진지하게 말해주고 싶었다.

3세대 여섯 식구(강아지까지 일곱)가 살고 있는 우리 집은 60평짜리 아파트다. 차형(역시 아파트에 산다)이 코끝이 찡하다며 훌쩍거렸던 그 명멸하는 불빛들 중 한 점이 바로 나와 내 딸이 사는 집인 것이다. 아이가 크다고 한 이 집은 넉넉잡아도 대지가 50평 정도로 보이니 지금 우리 집보다 크지 않은 공간이었다. 게다가 살림집으로 쓰는 건물 규모로만 보면 그 절반이나 될까 싶다. 그런데 집안과 집 밖이 나뉘어 있고 안팎의 풍경이 겹쳐져 확장되면서 실제의 경계가 없는 탓에 오히려 두 배 쯤 더 커 보인 것이다. 방과 방이 연결되니 내부가 한눈에 읽혀 공간의 깊이가 보이고 안과 밖이 연결되어 있으니 공간이 연속적으로 이어져 보인다.

　마당을 때리는 볕이 수돗가의 그림자 방향을 북쪽에서 동쪽으로 조금씩 바꾸고 있었다. 장독대 옆 작은 꽃밭에 찾아든 하얗고 큰 나비 한 쌍이 하늘거리며 우리 쪽으로 다가오자 딸은 얼른 내 등 뒤로 돌아 숨는다. 바깥에 익숙하지 않은 탓이다. 나는 딸과 툇마루에 앉아 긴 시간 이 집에 대해 그리고 우리가 사는 집에 대해 이야기를 나눴다. 집으로 돌아가는 길, 딸은 다음에 또 북촌에 오자고 했다. 참 좋은 것, 말로는 설명이 되지 않고 돈으로도 살 수 없는 그 느낌을 만나러 또 오자는 것일 게다.

　저녁과 밤이 교차하는 고속도로 위에서 우리를 반기는 베드타운의 불빛을 보았다. 김환기의 그림처럼 명멸하는 점들이었다.

굳이
걸어야 할

필요는
없지만

을지로 지하공공보행통로
서울시청사에서
동대문디자인파크플라자 사이

「산다는 건 점 하나를 찍는 일」편은 나름 부담 없이 쓴다고 생각했
는데, 최 소장은 칸딘스키에서 시작해 구사마 야요이와 김환기를 지
나 신도시 아파트로 이어지는 내 4단 콤보 칼럼에 망연자실한 나머
지 머리라도 식힐 겸 북촌에 갔나 보다. 그래도 한강도 남산도 아닌
북촌을 굳이 선택한 걸 보고 다 이유가 있겠거니 했다. 그런데 건축
의 어떤(?) 면을 보여주는 『어떤 건축』이라는 책에 이어 『서울의 건축
좋아하세요』라는 두 번째 책까지 출간한 글 쓰는 건축가 최 소장이
고 보니 북촌에 관해 '세상에 저런 일이……' 하는 진정성 어린 뭔가
보여줄 줄 알았는데, 기껏 자신의 아이가 신동은 아닐까 하는 즐거
운 상념에 빠지다니 실망이 크다.

나로 말하자면 일찍이 자전거로 일본을 유랑한 뒤 출판한 『자전
거 건축 여행』에서 답사가 필요하다면 어떤 장소라도 기를 쓰고 가
는 넘치는 진정성을 보여준 바 있다. 해서 최 소장이 옛집 툇마루에
앉아 정신을 가다듬고 있을 때, 북촌 골목과는 전혀 다른 서울의 또
다른 길을 다녀왔다.

여기서 잠깐, 퀴즈 하나를 내도록 하자.

퀴즈: 서울 도심에서 차들과 만나지 않고 40~50분을 오롯이 사람들
만 다닐 수 있는 길이 있다면 과연 어디일까요?

난센스 퀴즈는 아니다. 40~50분 정도면 대략 3킬로미터에 이르
는 짧지 않은 거리다. 일단 서울성곽, 청계천변, 달동네 골목길 등이

을지로 지하공공보행통로
by Cha

떠오른다. 대부분 차량이 접근하기 어려운 조건으로 만들어진 길이다. 또 뭐가 있을까? 이 문제의 답을 찾으려면 길이 지상에만 있다는 선입견을 버려야 한다. 그러니까 땅 속, 지하에 만들어진 길도 길이라는 말씀. 이 정도 힌트를 줬으면 서울시청사에서 동대문 디자인 파크플라자에 이르는 2.7킬로미터의 지하보도가 생각나는 사람이 있는지 모르겠다. '그런 길도 있었어?'라거나 '그게 다 연결되어 있던가?' 하고 고개를 갸우뚱하는 사람도 있을 거고, 그게 길이냐고 반문할 사람도 있을 텐데, 나 역시 질문을 하고 곰곰이 생각해보니 그게 길인지 통로인지 알쏭달쏭하다. 법적으로는 도로나 광장의 지하에 난 사람들이 지나다니는 공간을 지하공공보행통로라고 하니 일단은 통로가 맞긴 맞다. 하지만 그냥 지나기만 하는 곳은 아니고 먹거리, 볼거리 들이 양편에 늘어서 미약하나마 삶의 풍경이 펼쳐진 곳이라 지하의 길이라 불러도 크게 이상하지는 않다는 게 내 생각이다.

아무튼, 그곳을 뭐라고 부르든지 간에 서울 시청역에서 시작한 지하 공간은 끊어질 듯 아슬아슬하게 여섯 개의 지하상가(시청 지하상가, 을지로입구 지하상가, 을지로2구역 지하상가, 을지로3구역 지하상가, 을지로4구역 지하상가, 동대문스포츠 지하상가)와 네 개의 지하철 역(시청역, 을지로입구역, 을지로3가역, 동대문역)을 연결한다.

이 공간은 1983년 지하철2호선의 탄생과 함께 만들어졌다. 엄밀히 따지면 1960년대 후반 불도저 서울시장인 김현옥의 지하개발계획으로 개발된 시청 지하상가(1967년)가 초석을 놓은 후 구자춘 서울시장 시절 지하철 2호선의 개통으로 전체 공간이 연결되었다. 당시 구 시장은 평상시에는 지하상가로, 전쟁 시에는 대피소로 이용하기 위하여 민간 개발을 통한 지하상가 개발을 시도한 것인데, 당시 보도에 따르면 지하상가 분양 경쟁률이 평균 25대 1에 이르렀다고 하니 처음에는 지하 공간도 꽤 인기가 있었던 모양이다.

사실 사람들은 지하 공간을 그리 선호하지 않는다. 지하는 습하고 어두컴컴한, 죽은 이가 묻히는 곳, 망자들의 세계라는 선입견이 있는 탓이다. 그리스 신화에서 지하는 하데스가 다스리는 죽음의 세계로 나온다. 산 사람은 그곳에 발을 디딜 수가 없다. 이승과 저승을 이어주는 뱃사공 카론이 절대로 산 자는 배에 태워주지 않기 때문이다. 이 어두컴컴한 세상을 하데스 스스로 원했는지는 모르겠다. 티탄과의 전쟁에서 승리한 후 제우스, 포세이돈과 함께 제비뽑기를 해서 세계를 나눠 가졌다고 하던데, 지하 세계를 뽑은 후 하데스의 첫 마디가 "oh, shit!"이었을 것이라는 데 한 표 던진다.

이후 로마시대에는 박해를 피해 도망친 기독교인들의 카타콤, 영화 「제3의 사나이」에서 해리가 검은 그림자를 길게 늘어뜨리며 도망치던 빈의 지하 수도, 프랑스와 미군에 대항해 지하로 들어간 베트남의 땅굴, 그리고 히틀러가 최후를 맞이한 지하 벙커 등, 지하 공간은 이렇게 저항, 피로, 죽음, 도망, 최후 등의 불길하고 부정적인 이미지와 겹친다. 그러니 어느 시인이 지하 세계 관련어라며 '유흥업소, 성매매, 카드깡, 금품수수, 콘돔, 성범죄, 가혹행위, 음모, 접대, 계곡주, 퇴폐업소, 안마시술, 몰카, 포르노, 에이즈, 인신매매, 홍등가, 호빠, 매음' 등의 단어를 중얼거릴 때 그건 그리 놀라운 일이 아

을지로 지하공공보행통로
by Cha

니다.

하지만 터부의 공간으로 회자되던 지하는 서울이 행정구역 605평 방킬로미터, 인구 약 1,200만 명의 거대 메트로폴리스로 성장하는 과정에서 1일 지하철 이용 인구 1,000만 명이 이용하는 가장 복잡하고 붐비는 공간 중의 하나로 탈바꿈했다. 그리고 나 역시 하루 2시간 넘게 지하를 돌아다니고 있다.

내가 을지로 지하 공간에 관심을 두게 된 것은 몇 년 전 서울시 지하 공간 개발 연구 용역을 하면서부터다. 당시를 생각하면 떠오르는 장면이 있다. 커다란 테이블. 못마땅한 얼굴의 사내가 앉아 있다. 그를 서울시 모 과장님이라고 하자. 바로 옆에는 내 그럴 줄 알았다는 얼굴의 팀장이 있고 또 그 옆에는 무표정한 얼굴의 주무관이 있다. 건너편에는 죄라도 지은 듯 나도 이러고 싶지는 않았는데 하는 표정의 우리 회사 이사님과 내가 있다. 2010년 봄부터 가을까지, 2주에 한 번씩 서울 모처에서 벌어지던 지하 공간 용역 보고 회의 때의

풍경이다. 서울시청 설계 과정을 다큐 형식으로 만든 영화 「말하는 건축 시티:홀」에서 서울시 담당 공무원이 시간이 지나면서 스트레스로 머리가 하얘지고 얼굴이 피로로 점점 삭아가는 모습을 볼 수 있는데, 용역이 끝난 직후 맘고생이 심했던 이사님도 원형탈모증 치료를 받았다. 돌이켜보면 어떻게 그 시간을 견뎠는지 모르겠다. 바쁘게 살다 보면 빌딩이 올라가고 중앙버스전용차로제가 실시되고, 지하철이 놓이고 그러면서 서울이라는 도시가 그냥 그렇게 변하나 보다 하고 가볍게 여기는 사람들도 많을 테지만, 실은 서울은 수많은 사람들의 피로에 절은 간과 하얘진 머리카락과 원형탈모증 위에 서 있는 도시다. 이 정도 노력을 기울였으면 좋은 방향으로 변해야할 텐데……

아무튼 다시 이야기로 돌아오면, 당시 서울시 개발에 환장하신 시장님은 서울의 지하 공간을 밴쿠버나 토론토의 그것처럼 굴비 엮듯이 줄줄이 연결해서 '지하 도시 네트워크'를 만들고 싶어 했다. 용역사는 서울시의 입장에서 지하 공간 조성의 타당한 이유와 근거를 찾아내기에 여념이 없었다. 하지만 자문회를 할 때면 교수님들은 한결같이 왜 멀쩡한 지상을 두고 지하에 내려가야 하느냐며 역정을 냈다. 참 곤혹스러웠다. 용역을 진행하던 이사님과 나는 햄버거 빵 사이에 끼워진 패티처럼 양편에서 휘두르는 주먹(?)에 납작 엎드려 슬슬 기어 다녔다. 지금에서야 말이지만 무엇보다 가장 힘들었던 점은 나도 왜 서울에 지하 네트워크가 있어야 하는지 알 수가 없었다는 점이다. 누가 좀 알려주면 좋겠다.

지하 개발 찬성론자들은 도시 과밀 개발에 따라 가용 토지의 부족으로 토지를 입체적으로 이용해야 하니 지하 공간 개발이 필요하다고 역설하는데, 얼핏 들으면 그런 것 같기도 하지만 반대 입장에 선 사람들은 인간의 공간은 지상에 있는 것이므로 최적의 보행환경인 지상을 포기하고 지하로 기어 들어가는 것은 개발을 위해 인간의 기본적인 권리를 포기하는 것이라고 맞선다. 그럼 이것도 맞는 말인 것 같다. 이쪽도 맞는 것 같고 저쪽도 맞는 것 같고, 도대체 어느 장단에 춤을 춰야 하는지, 원.

　보고는 날이 저물어갈 무렵 끝났다. 몇 시간이나 계속되는 회의로 휘청거리는 다리를 끌고 건물을 나서면 바로 앞이 시청역이었나. 우리는 이쪽저쪽에서 받은 상처로 피폐해진 정신을 끌어안고 지하철을 타기 위해서 시청 지하상가에서 시작하는 을지로 지하보행로를 걷곤 했다. 세상의 모든 지하 공간을 저주하면서.

　서울시청 신청사가 준공되면서 '시티스타몰'이라는 이름으로 리모델링 한 시청 지하상가는 거창한 이름과 달리 쇠락한 풍경을 자아낸다. 특히 을지로3가에서 동대문까지의 구간은 지하보행로의 폭이 좁아 지하상가 단독으로 상권을 형성할 만한 규모를 갖추지 못한다. 최근 리모델링을 거치면서 새롭게 단장했지만 아직은 지상 상권을 연결하는 역할에 그치는 정도다. 그러니 근본적으로 활성화를 기대하기 힘들다. 싼 임대료와 수십 년간 운영해오면서 다져놓은 단골 고객들 덕에 근근이 연명한다지만 길을 가다 눈에 띄는 상가들은 저래서 살 수 있을까 하는 걱정이 들 정도로 한산하다. 상가로서 활성화 방안이 없다면 공공의 이익에 부합하는 다른 활용 방안을 모색을 해야 하지 않을까 싶다.

요즘 을지로 주변 지상부는 도심부 도시환경 정비사업으로 재개발 사업이 한창이다. 쭉쭉 올라가는 고층 빌딩들이 마음에 든다고는 할 수 없지만, 이들 빌딩들은 용적률 인센티브를 받기 위해 내부에 전시장, 공연장 등 문화시설들을 하나씩 꿰차고 있다. SKT타워에는 ICT뮤지엄 티움이, 센타원 빌딩에는 KF갤러리가, 지상에는 한빛 미디어 갤러리가 있다. 이외에도 소규모 전시공간들이 을지로 주변의 지상, 지하에 산재해 있다. 이들 문화시설을 연결하는 아트 패스의 역할을 을지로 지하보행로가 맡으면 어떨까? 이런 마음을 서울시에서도 알았는지 지하보도 관리를 담당하는 서울시설공단에서 '지하도상가 문화예술 입히기' 프로젝트를 진행한단다. 뉴욕에 가면 폐철교 상부를 공원으로 만든 유명한 하이라인이 있다는데, 서울에서도 작은 문화, 공공시설들을 연결하는 지하 언더라인이 있다고 자랑할 수 있는 날이 올지 자못 궁금하다.

그때
그리고
지금

한강

지하 공간 프로젝트로 차형이 애를 먹던 그때를 나도 기억한다. 별로 중요한 일정은 아니지만, 격주에 한 번 꼴로 있던 치맥 자리가 계속 연기되던 때였다. 정통 프라이드치킨을 유난히 좋아하는(양념은 안 좋아한다) 차형이 치맥을 거르는 상황이란 굉장히 이례적인 일이라서 무심한 나라도 지하 공간 프로젝트의 무게와 고뇌에 대해 감잡을 수밖에 없었다. 차형의 이야기대로 대통령까지 지낸 전설적인 시장님의 성공 사례에 한창 고무되어 뭔가를 만들어야 한다고 동분서주하던(전임과는 달리) 잘생긴 시장님의 시대였기 때문에.

차형이 줄줄이 읊은 서울시 지하 역사를 음미하다 보면 지하 개발 계획에 열을 올리던 1960년대 말, 한강에서 벌어졌던 또 다른 개발사업 이야기를 안 하고 넘어갈 수가 없다. 실로 봉이 김선달이 대동강 물을 팔아먹었던 사례와 유사한 경우로 일명 '공유수면매립사업'이라 불렸던 사업이다.

1962년 1월 20일자로 제정 공포된 공유수면매립법에 의한 한강변 택지개발사업은 쉽게 말해 강을 메워 땅을 만들면 알아서 팔아먹어도 좋다는 허가 사업이었다. 공유수면매립사업을 하려는 자는 당국의 매립면허를 받을 수 있었다. 공유수면을 매립한다는 것은 흙, 모래, 돌, 그 밖의 물건을 인위적으로 강에 채워 넣어 새로운 토지를 조성하는 간척공사를 말한다. 홍수가 빈번했던 얕은 한강 바닥을 파내 수심을 깊게 하고 채굴된 토사는 공유수면 매립에 이용하는, 지금 기준으로 보면 참으로 혀를 끌끌 찰 만한 환경파괴가 필수적으로 따라오는 토건사업이었다. 때는 지상 공간도 제대로 정비되지 않앉던 시절로 할 일 많은 지상 공간은 놔두고 지하에 대규모 상업 공간을 만들겠다고 당시 서울시장들이 앞장서서 도시의 땅속 개발에 열을 올리던 때였다. 강이든 지하든 걸리면 일단 파고 보는 게 대세였는지 구불구불한 곡류천이었던 한강변은 땅 만들기 사업의 여파로 곧게 펴지고 지도에 없던 매립지가 계속 늘어났다. 이어 한강변에 대규모 아파트 단지들이 속속 들어섰고 이 땅들은 새로운 신천지로 급부상했는데 영동시대, 강남시대가 열린 것도 이 무렵이다.

커다란 버드나무 한 그루. 그것이 내가 기억하는 한강의 첫 번째 기억이다. 세 살인가 네 살 무렵 워커힐 옆 광진교 근처에 가족과 몇 번 놀러갔던 모양이다. 대충 1975년쯤 아닐까 싶다. 어머니께 그 이야기를 하면 그걸 어떻게 기억하냐고 하시는데 사실 꽤 또렷한 기억으로 남아 있다. 미적지근하고 습기 먹은 봄바람에 힘없이 살랑거리던 가지들을 잔뜩 짊어지고 서 있던 큰 나무. 햇빛에 반짝거리던 물결 위에 남루한 나룻배가 몇 척 떠 있었고, 어른들은 강변 모래밭 한 구석에 평상을 뗏목처럼 띄워놓고 매운탕에 잔을 기울이며 연실 '좋다'를 외쳤던 것 같다. 나무와 모래밭, 쏟아지던 봄볕에 흐느적거리며 주위를 돌던 비린 바람, 건너편 육지에서 흙먼지를 일으키며 열심히 일을 하던 포크레인과 트럭 들의 풍경이 신기루처럼 아련하다. 몇 달 전 천호대교를 건너 일을 보러 가던 차 안에서 그 장소로 추정되는 다리 밑을 열심히 살펴보았으나 모래밭도 뗏목도 커다란 버드나무도 비린 바람도 없었다. 장소는 지워진 지 오래인데 공간의 기억은 끈질기게 남아 있다.

이후의 또 다른 기억은 제3한강교(한남대교)를 건너 삼성동, 당시 AID차관아파트에 살던 어머니 친구 댁에 놀러갔던 일이다. 택시가 강을 건널 때 차창 밖을 보면 강은 바다처럼 넓고 다리는 활주로만큼 광활했다. 그럴 때면 달리던 자동차가 날개를 뽑고 하늘로 이륙하는 상상을 하곤 했다. 텔레비전 만화 「마징가Z」가 큰 인기였던 시절이었다. '영동'이라 불리던 당시 강남은 흙먼지 자욱한 공사판이었는데 몇몇의 아파트 단지만 사막 위 도시처럼 드문드문 서 있었다. 아파트 자체가 신기했던 시절이어서 무작정 좋아할 수도 있었는데 나는 웬일인지 아파트라고 세워놓은 콘크리트 덩어리들이 무섭고 정이 가지 않았다. 그러거나 말거나 얼마 안 가 결국 아파트에서 살게 되었지만.

초등학교 입학 무렵 잠실로 이사를 갔다. 강변에 있는 최신식 아파트라고 했는데 강이 어디 있는지 잘 보이지 않았고 어른 키보다 큰 초록 철망으로 둘러쳐진 단지 끝에 닿으면 둔치의 언덕이 그 너머와 내가 사는 아파트를 교도소의 담벼락처럼 가르고 있었다. 단절의 풍경은 어린 내게 한강을 무척 위험한 공간으로 인식케 했다. 몇 번 가려다 어른들에게 걸려 된통 혼이 나기도 했다. 그러다 보니 철망을 넘고 도로를 건너 언덕 아래 비밀 통로처럼 뚫어놓은 토끼 굴을 통해 한강으로 가는 길은 각오를 단단히 해야 하는 모험이었다. 어느 날 용기를 내어 친구 몇 명과 감행을 했다. 꽤 추운 겨울날, 죄수가 탈옥을 하듯 정신없이 철망을 넘어 굴 속을 한발씩 전진했고,

곧 이어 눈앞에 펼쳐진 한강의 전경은 지금도 잊을 수 없다. 스펙터 클한 한강은(적어도 내 눈엔) 어린이 잡지에 실린 화성의 바다와 비슷한 우주적 공간이었다. 반대쪽 육지가 보이지 않을 만큼 막막한 물의 덩어리가 흐물흐물한 스튜처럼 어슬렁대며 흐르고 있었다.

공간은 우주 공간처럼 넓고, 시간은 더디게 흘렀다. 가끔 '우우웅 구우웅' 하며 물 덩어리가 움직이는 듯한 소리도 들렸는데 마치 목이 길어 슬픈 공룡 브라키오사우르스가 잃어버린 새끼를 그리워하며 우는 것 같은 슬픔이 묻어났다. 내겐 강이 말을 하는 것처럼 들렸지만 같이 있던 동네 형들은 그냥 바람 소리라고 했던 것 같다. 그런가. 그냥 바람 소리인가?

그날 이후 나는 물 덩어리가 움직이는 듯한 그 소리를 들으러 혼자서도 한강 벌판에 자주 갔다. 아무도 없는 그곳에서 바람을 맞고 돌을 던지며 앉아 있다 돌아오면 비밀의 세계에라도 다녀온 이상한 나라의 폴처럼 기분이 으쓱하고 마음이 뿌듯해졌다. 강 저편에는 뭔가를 계속 퍼내고 실어 나르는 준설선과 트럭 들이 있었다. 강 수면에도 아지랑이가 피는지 아른대는 풍경이 신기루처럼 보여 현실이 아닌 것처럼 느껴지곤 했다. 계절이 몇 번 바뀌고 뚝섬 방향 쪽에 있던 작은 모래섬 하나가 기어이 사라지고 말았다. 그 무렵이었나, 우리 가족은 잠실을 떠나게 되었다. 화성의 바다 위를 떠다니던 브라키오사우르스의 울음소리도 그 후로는 들을 수 없었다.

얼마 전 「김씨 표류기」라는 영화를 보면서 그때의 느낌이 다시 떠올랐다. 어린 시절 한강이 내게 선물했던 포근함과 안정된 격리감을 익히 알고 있었기 때문인지 영화 속 김씨의 행복감이 무엇인지 잘 알 것 같았다. 대도시 안에서 자신만의 비밀공간 속으로 숨는 놀이가 얼마나 근사한 것인지. 김씨는 아마 밤섬에 살면서 강이 말을 거는 소리를 밤마다 들었을 것이다. 모르긴 해도 '우우웅 구우웅' 했을 그 소리, 사람들을 위로하는 그 소리 말이다.

사람 살던 밤섬은 1968년 어느 날, 폭파되었고 폭파된 흙과 돌은 여의도를 만드는 데 쓰였다. 멀쩡한 섬을 부숴 다른 섬을 만들었다니 이게 뭐하는 짓인지 잘 모르겠지만, 어쨌든 새로운 섬에게 몸을 내어준 작은 섬의 잔해는 쪼그라들어 모래톱과 잡풀만 남아 철새의 거처가 되었다. 그곳은 사람이 소리를 질러도 아무도 들을 수 없고 지나가는 유람선도 눈길 한 번 주지 않는 버려진 섬이다.

1970년대는 구불거리던 한강이 반듯하게 펴지고 고속도로처럼 넓어진 강이 서울을 남과 북 두 개의 서로 다른 도시로 가르기 시작한 시기다. 홍수를 막고 동시에 건물 지을 땅을 만들면서 한강은 이전의 모습과는 전혀 다르게 변했다. 밤섬을 부숴 여의도에 합치고 저자도의 흙으로 압구정을 메웠으며, 모래밭과 강이 번갈아 교대하던 얕은 뻘밭 잠실에는 땅을 파고 둑을 쌓아 대규모 아파트를 세울 택지를 조성했다. 눈 감고 헤엄치듯 강을 뒤집어 땅을 만든 다음 건설사는 아파트를 지어 팔고, 그렇게 사고 팔다 보면 모두 다 같이 잘 살지 않겠느냐고 희망에 찼던 시대다. 하지만 그때의 아파트들은 이제 거의 재개발이 되거나 재개발 중이고 몇몇은 부동산 시장 침체로

이러지도 저러지도 못하는 처지가 되었다.

　어린 시절 탈옥을 감행하듯 담을 넘어 드나들던 잠실 둔치를 오랜만에 찾았다. 살던 단지는 그때보다 몇 배 더 크고 높은 아파트로 탈바꿈했고, 단지와 강변을 나누던 당시 언덕은 어쩐 일인지 세월의 풍화에 많이 작아진 모습이었다. 끝없이 펼쳐지는 터널 같던 보행통로 역시 몇 걸음이면 지날 수 있는 길이 되어 있었다.

　강변에는 더 이상 벌판이 없고 너른 잔디밭과 주차장, 가로등과 벤치, 간이 화장실이 드문드문 있을 뿐이다. 강 너머 모래를 나르던 준설선과 트럭 대신 그땐 없던 건물들이 새로운 풍경을 자아낸다.

　바람을 맞으며 한남대교까지 천천히 걸었다. 산책하는 이들, 줄을 지어 지나가는 자전거들, 달리는 마라토너들, 이야기꽃을 피우는 연인들. 그들을 바라보며 문득 볕을 피할 버드나무 한 그루 변변히 없는, 물에 발 한 번 담그기 애매해진 이 강변에 모인 사람들에게 진짜 필요한 건 뭘까 궁금해졌다. 소설가 이탈로 칼비노는 『보이지 않는 도시들』에서 도시를 두 가지로 묘사하는데 나는 그의 묘사를 '도시를 보는 두 가지 관점'으로 정정하고 싶다. 하나는 도시의 고정된 형태, 즉 건물과 구조물을 관찰하는 것이고, 또 하나는 도시에 사는 사람들과 그들에게 일어난 사건을 관찰하는 것이다. 어떤 대상을 묘사하는 방법은 대상을 제대로 보는 방법도 되고, 대상을 더 풍요롭게 만들어가는 방법도 되지 않을까.

　우리는 지금껏 도시를 인공의 물질로만 바라보고 건물과 구조물을 만드는 데만 치중해왔다. 물이 흐르던 곳에 땅을 만들고 그 위에 아파트를 세우고, 강변에는 홍수 때 쓰레기가 걸릴까 봐 나무를 치우고 넓은 콘크리트 벌판을 만들었다. 사람들에게 사랑받을 만한 공간보다는 관리하기 편하고 기능과 통제에 유용한 공간만 만들다가 현재에 이른 건 아닐지. 한강은 이 도시에서 어떤 의미일까. 우리는 여전히 여기저기에 새로 뭔가를 만드는 건설의 무대로만 이 도시를 이해하고 있는 건 아닐까.

만질 수 있고 냄새도 맡을 수 있고 볕의 따스함과 계절을 느낄 수 있었던 어릴 적 한강을 그리워하며 한남대교에 다다르니 해가 진다. 대교를 올려다보니 한 남자가 난간에 턱을 괴고 뭔가를 바라보고 있다. 마포대교처럼 저 난간에도 혹시 '밥은 먹었어?' '잘 지내지?' 같은 자동 인식 문구가 작동하는 건가? 차형을 만나면 물어봐야겠다. 하지만 그런 하나마나한 위로보다는 강이 말하는 진짜 소리를 다리 위의 남자가 들을 수 있다면 좋겠다. '우우웅 구우웅' 하며 도시 깊은 곳에서 울리던 위로, 안 들리시나요?

다 같이
돌자

서울 한 바퀴

서울 성곽길
동대문역사문화공원에서
낙산공원까지

어린 시절을 울산에서 보내고 상경한 터라 서울 토박이인 최 소장의 유년 시절 한강 이야기를 듣고 있으니 울산의 태화강 생각도 나고 왠지 부럽다. 광진교의 널따란 모래톱에서 술잔을 기울이는 부모님과 함께한 추억이라니. 혹시 최 소장이 술을 잘 마시는 것도 어릴 적부터 부모님을 통해 한강 주도酒道를 익힌 덕분이 아닐까 상상해 본다.

반면 나는 한강 하면 자전거를 타고 달리던 출퇴근길이 가장 먼저 떠오른다. 회사가 강남 신사동에 있을 때 왕복 50킬로미터를 자전거로 다녔다. 친환경적인 생활을 실천한다기보다 그냥 자전거 타는 게 좋았다. 늦은 밤 퇴근길에 바람을 가르며 달릴 때는 쌓인 스트레스가 저만치 떨어져나가는 게 느껴졌다. 자전거를 타다 보니 좀 더 먼 거리를 달리고 싶은 욕심이 들었다. 그러면 분당에서 신촌, 광화문, 남산으로 힘차게 페달을 밟는 거다. 그러다 보니 웬만한 곳은 자전거로 갈 수 있을 것 같은 용기도 나고, 나중에는 경기도 광주, 양평을 지나 삼척까지 혀 깨물고 달리고 있는 내 모습을 보게 되었다. 그리고 마침내 해외로 자전거를 끌고 나가 갖은 고생을 하며 그곳의 풍경을 담고 돌아와 책을 내고 작가로 입문하게 되었다. 이후 어느 학교 졸업전시회에서 여행에 대해 강연을 해달라는 요청을 받고 전날 밤새운 학생들을 모두 재워버리기도 했고, 어느 여행사에서 여행상품 기획을 해볼 생각 없느냐는 제안을 받기도 했다. 그러니 자전거 덕분에 사는 모습이 조금 바뀌었다고 해도 과언이 아니다. 이 모든 것의 시작이 한강 자전거길이다. 차도에 의해 끊어지는 일 없이 길게 이어진 길은 한 사람의 인생을 바꿀 수도 있는 것 같다. 진정 도道가 이끄는 삶이다.

그러면 과연 서울에 한강 자전거길 말고 '인생 전환 가능로可能路'는 얼마나 될까? 차들에 위협받지 않고 사람들이 걸을 만한 긴 길 말이다. 특히 요즘같이 사는 게 힘들 때면 굳이 인생을 바꾸지 않더라도 지친 머리도 식힐 겸 걸어보고 싶은 긴 길이 많으면 좋겠다. 길 양편에 높이 자란 나무들이 푸른 그늘을 드리우고 그 밑을 따라서 걷다 보면 스트레스도 저만치 사라져버리는 길이면 더 좋겠다.

서울시 지도를 가만히 들여다보고 있으면 몇 군데 길이 가능성이 있어 보인다. 첫 번째가 한강, 청계천 같은 수변 길이나 북악산, 남산 같은 산길이다. 두 번째는 경의선, 경춘선 등의 폐선부지를 활용한 그린웨이다. 특히 요즘 공사가 한창인 경의선 길은 기존 철도가 지하로 내려가고 그 상부를 공원으로 조성하는 중이다. 공사가 끝나면 시 경계인 수색에서 용산까지 들어오는 긴 거리를 걷거나 자전거로 달릴 수 있다. 제대로만 만들어진다면 밀도 높은 서울시를 가르는 푸른 녹색 라인을 조만간 볼 수 있을 것이다. 세 번째가 서울이라는 도시가 생겨나면서 만들어진 길이다. 서울시가 걷고 싶은 길로 선정한 북촌 문화길이나 성곽길이 여기에 들어간다. 서울의 역사와 문화가 새겨진 길인데, 이 중에서 내가 손에 꼽는 것이 서울 성곽길이다. 날 좋은 늦봄이나 가을에 길을 걸어본 사람이라면 아마 내 의견에 동의할 것이다.

서울 성곽은 1396년 조선 태조 때 전국 팔도에서 장정 12만 명을 동원해 만들어져, 세종 4년 석성으로 고쳐 쌓는 전면적인 대공사를 거쳐 완성되었다. 이후 임진왜란과 자연재해로 무너지고 보수하기를 반복, 숙종 때 다시 대대적인 개축 공사를 통해 재축조되었다. 성곽길은 성곽을 만들면서 안팎 4.5미터 폭의 길을 내어 순심(순찰)을 위한 길을 만든 게 시초라 하는데, 당시 사람들은 날이 좋은 계절에 성곽을 따라 하루 유람을 떠나는 순성놀이를 즐겼다고 한다.

도성의 둘레는 40리나 되는데 도성을 한 바퀴 빙 돌아서 도성 안팎의 화류를 구경하는 것은 멋있는 놀이이다. 새벽에 출발해야 저녁 종 칠 때쯤에 다 볼 수 있는데, 산길이 깎은 듯 험해서 지쳐서 돌아오는 사람이 많다.

– 유득공의 『경도잡지』

그러고 보면 성곽길 걷기는 수백 년을 이어온 꽤 유서 깊은 행위에 속한다. 비록 일제강점기와 근대화 과정을 거치면서 성곽이 잘려나가 그 맥이 끊어지긴 했으나, 1975년부터 시작한 한양 도성 복원이 2014년이면 마무리된다고 하니 제대로 된 순성놀이의 풍류를 다시 즐겨볼 날도 멀지 않은 듯하다.

해서 5월 말, 가을 같이 맑은 하늘이 보이는 주중에 휴가를 내고 성곽 길을 걸었다. 마음 같아서는 한 바퀴 휙 돌고 싶었는데, 몸은 마음 같지가 않더라. 오전 10시에 남대문에서 출발해 남산 코스를 끝내고 동대문디자인플라자에 이르니 벌써 다리가 풀리고 관절이 뻣뻣해졌다. 이런 저질 체력. 그래도 절반은 가야 어디 말이라도 꺼내지 하는 심정으로 저려오는 다리를 끌고 낙산 코스를 지나 한성대 앞 삼선시장에서 물냉면을 먹는 것으로 순성놀이를 끝냈다. 집에 오면서 그 옛날 하루에 혀가 빠지게 걸었을 한량들을 생각하니 지쳐서 못 돌아오는 사람들도 많았겠다 싶더라.

한양 성곽길은 4개 코스로 구분된다. 동측의 낙산길, 서측의 인왕산길, 남측의 남산길, 북측의 북악산길이 그것이다. 이 중에서 추천하고 싶은 곳은 동대문역사공원에서 출발해서 낙산공원, 혜화역에 이르는 서울 성곽길 동측 코스다. 이 코스는 동대문역사문화공원에서 오르기 시작해서 30분 정도 천천히 걷다 보면 길의 정상이라 할 수 있는 낙산공원에 도착한다.

길이 좋아 몇 차례 다녀보니 오르는 방향을 혜화역 쪽에서 시작할지, 아니면 동대문역사문화공원에서 시작할지에 따라 성곽이 주는 느낌이 조금 달랐다. 이유가 뭘까 곰곰이 생각해보니 아마도 성곽이 배경을 무엇으로 하느냐에 따라 차이가 있는 것 같다. 오르막길에서 성곽은 주로 하늘을 배경으로 서 있다. 파란 하늘을 배경으로 듬직한 성곽이 자리 잡는다. 길은 성곽을 따라 하늘 속으로 사라진다. 때에 따라 잡지에 나온 풍경처럼 아주 극적이다. 내리막길에서 길은 주로 멀리 도시를 배경으로 서 있다. 걷는 코스에 따라 서울 도심부가 배경이 되기도 하고 한강을 따라 늘어선 강변 아파트가

서울 성곽길
by Cha

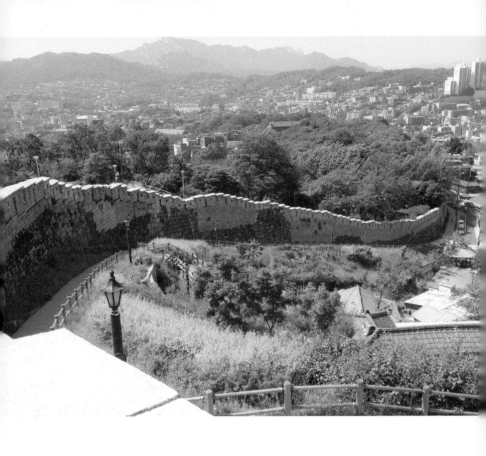

보이기도 하고, 용산 미군기지(앞으로 용산공원으로 바뀌면 또 다른 풍경을 보여줄)를 넘어 63빌딩이 뒤를 차지하기도 한다. 재건축, 재개 발로 아파트들이 너무 많이 들어서서 이쪽저쪽이 조금씩 비슷해지 기는 했으나, 아직은 얼굴을 몰라볼 정도는 아니다.

아무튼, 낙산길이라면 혜화역에서 올라가는 길 쪽에 한 표 던지 고 싶다. 날이 좋은 날 장수마을을 왼편에 끼고 오르다 정상에 가 까워지면 파란 하늘을 등에 인 멋진 성곽길을 걸을 수 있다. 걷다가 조금 쉬고 싶으면 요즘 서울시 주민 참여형 재생사업으로 유명해진 장수마을의 목수 카페에서 숨을 고를 수도 있다(실은 숨을 고를 만 큼 힘들지는 않습니다). 그리고 꼭대기에서 내려오다 보면 성곽이 동 대문을 향해 뱀처럼 휘어 아래로 이어지며 사라진다.

성곽길을 걷다가 느끼는 게 또 하나 있다. 서울은 일렁이는 산과 골이 만든 도시구나 하는 점이다. 해외의 여느 도시처럼 평평한 대 지에 끝없이 펼쳐지는 건물들의 풍경은 볼 수 없다. 가까운 건물에 서 시선을 펼쳐나가면 곧 언덕이나 산에서 그 시선이 멈춘다. 덕분 에 성곽은 내사산(남산, 낙산, 인왕산, 북악산)의 움직임을 더듬어 구 불거리는 선이 되었다. 그리고 이 선이 만들어진 내력을 살펴보면 재 미있는 이야기를 들을 수 있다.

주인공은 유명한 두 인물, 무학대사와 정도전이고, 때는 바야흐 로 조선이 막 열리려던 시기다. 두 사람은 성곽이 놓일 위치를 두고 꽤 신경전을 벌였던 것 같다. 먼저 무학대사는 종로구 무악동에 위치한, 마치 중이 장삼을 입은 모습 같은 선바위가 도성 안에 들어오도록 북악산-인왕산-안산-남산으로 연결해서 성곽을 쌓자고 주장했다고 한다. 하지만 조선의 개국공신이자 권력자였던 정도전은 인왕산에서 곧바로 남산으로 연결해서 쌓아야 한다고 주장했다. 불교와 유교의 한판 승부랄까. 성곽이 쌓인 현재 모습으로 봐서는 정도전이 승리한 것으로 보이는데, 그는 어떻게 해서 이 논쟁에서 이긴 것일까? 이야기는 이렇게 전개된다.

어느 날 밤. 서울에 첫눈이 내렸는데 이상하게 도성 안쪽에 내린 눈은 녹기 시작하여 눈 내린 흔적이 없어지고 도성 바깥쪽에만 눈이 남아 마치 흰 눈이 줄을 그은 듯이 보였다고 한다. 정도전이 주장한 성곽 자리를 따라 마치 눈이 울타리처럼 남은 것이다. 이성계는 이를 보고 하늘에서 도성 쌓을 자리를 일러준 것이라고 말한 뒤 눈이 남아 있는 선, 즉 설울(눈 울타리)을 따라 도성을 쌓게 하였다고 한다. 그것이 지금 서울 성곽의 자리다. 이야기 대로라면 하늘이 정도전의 손을 들어준 것이다.

이야기는 고려시대 불교에 대한 조선 유교의 승리라는 측면을 에둘러 보여주는 것이라 이해하는데, 만약 이것이 사실이라면 전날 밤 과연 무슨 일이 벌어졌던 것일까 하는 재미있는 상상을 해본다. 혹시 정도전이 눈이 내리자 선바위 안쪽으로 열심히 비질을 한 걸까? 아니면 눈 내리기 전에 바닥에 가마니를 깔았다가 눈이 그치자 잽싸게 치운 것일까? 상상은 자유다.

아무튼 서울이라는 이름도, 설울이 변한 것이라는 설이 있으니 눈 울타리의 도시, 서울의 성곽을 따라 걷는 순성놀이는 여름보다 겨울이 제격일 수도 있겠다. 그러면 올겨울 이 길을 다시 걸어야 하나?

어느
시인의

우물

윤동주 문학관
종로구 창의문로 119

역시 자전거 이야기가 나오고 말았다. 차형은 일찍이 자전거로 일본 횡단이라는 대업을 이룬 후『자전거 건축 여행』이라는 아무나 쓰기 힘든 책을 써서 작가로 데뷔한 바 있다. 물론 그 힘든 여행의 출발점에는 한강이 있었다. 대업의 훈련장이었다고나 할까. 거센 계곡 물살을 걷어차며 훈련한 가난한 축구 유망주가 국가를 대표하는 스트라이커가 되었다는 전설 같은 이야기처럼. 그러니 한강에 대해서라면 차형도 할 말이 많을 것이다. 심지어 "실은 나 요즘 한강과 자전거, 그리고 밤에 대한 이야기를 쓰고 있어"라고 진지하게 귓속말을 건넨 적도 있다. 잘 들리지가 않아서 "뭐라고?" 하고 대답했지만. 아무튼 자신을 작가로 만들어준 자전거, 출퇴근길의 무대인 한강이 그에겐 인생 전환점이었다고 말할 수도 있을 것 같다. 그러고 보니 나에게는 그런 인생의 전환점이 어디에 있나 모르겠네.

인왕산, 북악산은 서울의 뿌리가 시작되었다고 말할 수 있는 곳이다. 가끔 조선의 도읍이 되기 전엔 어떤 풍경이었을지 혼자서 상상해보곤 한다. 그 풍경은 아마도 무학대사와 정도전이 봤던 한양의 첫인상일 것이다. 도시가 자리 잡기 전의 서울은 어떤 풍경이었을까. 차형이 성곽길을 걷다 느낀 것처럼 산과 골이 일렁이는 역동적인 지형의 땅이었을까. 항시 그렇듯 그 두 남자의 이야기는 설화처럼 느껴진다. 곰이 사람이 되었다는 어떤 이야기보다는 조금 더 사실적이긴 하지만.

내 생각엔 무학대사의 주장처럼 인왕산을 진산으로 삼아 궁을 앉혔다면 궁은 동쪽을 바라보는 향으로 앉히지 않았을까(어디까지나 개인적인 생각이지만). 그랬다면 이후 도시의 모습도 지금 같은 남북 방향의 전개가 아닌 동서 방향으로 크게 확장되었을지도 모를 일이다. 그랬다면 이 땅의 역사와 내 삶도 많이 달라지지 않았을까. 궁이 지금과 다른 방향으로 지어지고 도시의 생성 여건이 달라지는 바람에 나나 차형은 아예 태어나지 않았을지도 모른다. 하지만 태조는 정도전의 말에 따라 북악을 진산으로 삼았고 궁을 지었다, 라고 전하고 있으니 이런 저런 전설 같은 이야기를 되짚으며 인왕산에 올라 궁을 바라보면 정도전과 무학대사가 각각 어떤 도시를 꿈꿨는지 슬쩍 엿보는 기분이 든다. 지금까지와는 전혀 다른 도시의 이미지기 상상 속에서 멋대로 펼쳐지는 것이다. 혹시 이런 이미지로 조선 건국을 모티프로 하는 기상천외한 소설을 써보면 어떨까. 600년 전 출발을 달리한 두 개의 미래를 다룬 기묘한 판타지가 떠오른다.

성곽길 서측 코스는 그런 연유에서 나도 좋아하는 길이다. 인생길까지는 아니지만 차형이 말한 것처럼 사실인지 허구인지 모를 설화와 기록된 역사에 기반하여 과거와 현재를 자유롭게 상상하기에 적당한 길이랄까. 사직단에서 인왕산 능선을 따라 올라 부암동으로 넘어가면 작은 언덕이 하나 나온다. 윤동주 시인을 기리는 언덕이다. 윤동주 시인이 누상동 9번지 소설가 김송의 집에서 하숙할 때 자주 오르던 산책 코스란다. 시인 역시 이 길을 오르며 수많은 사색을 했을 것이다. 그래서인지 언덕에 올라 서울을 내려다보니 100여 년 전

그의 천재적인 시상이 나의 군색한 공상과 얼핏 맥이 닿는(미안합니다) 것도 같다. 시상이 절로 샘솟는 느낌(적인 느낌)이랄까.

'백지 한 장과 연필 한 자루, 그리고 뭔가 바라보기'는 기억하기로 이창동 감독의 영화 「시」에 나온 시 쓰는 방법이다. 영화에 카메오로 출연한 김용택 시인이 아줌마들을 모아놓고 시는 무척 간단하게 시작할 수 있다는 말을 했을 때, 그 말조차도 시의 한 구절처럼 멋지게 들렸다. 사실 이 글을 쓰기 전, 나는 백지 한 장과 연필 한 자루 가지런히 놓고 내 마음속을 바라보았다. 하지만 어떤 시상도 떠오르지 않아서(떠오를 리가 없지) 역시 나는 시를 쓰기엔 지나치게 아무 생각 없이 살고 있구나, 라는 걸 일깨우는 반성의 시간으로 삼았다.

믿기 어려운 일이지만 나도 어린 시절엔 시를 써서 상을 받은 적이 있다. 아홉 살쯤 학교에서 원고지와 연필, 지우개, 김밥, 사이다, 삶은 달걀, 과자 등을 싸 가지고 무슨 왕릉을 가자고 했을 때, 가자고 하니 따라갔고 단체로 모여 인원 점검(하나, 둘, 셋…… 번호 끝) 비슷한 걸 하고 흩어지라 하더니 점심시간 전까지 시를 써 오라 했었다. 시가 뭔지도 모르는 철부지들에게.

뭐 어쨌든 맑은 봄날이어서 볕도 참 좋고 놀기 딱 좋은 날씨였던 것으로 기억한다. 얇은 스웨터에 퍼지는 볕의 기분 좋은 열기가 포근했다. 아이들은 번개처럼 흩어졌다. 자신만의 시상을 찾아 사색할 수 있는 곳으로 달려가나 싶었지만, 역시 그럴 리는 없었고 떼를 지어 미친 듯이 놀기만 했다. 평소 같으면 나도 누구보다 미친 듯이 놀았겠지만, 왠지 그날따라 조금 이상한 마음이 들었던 것 같다. 시를

윤동주 문학관
by Choi

한번 써볼까? (인간은 누구나 평생에 그런 날이 하루나 이틀 정도 있다.)

능 주변에 사당이 하나 있었다. 나는 사당 뒤로 돌아가 작은 마당을 바라보는 툇마루에 앉아 뭔가를 썼다. 툇마루 앞은 담 너머에 있던 탐스럽게 둥근 잔디 언덕을 바라보며. 그땐 그렇게 해마다 백일 장이 열렸다. 한 번은 동물원 가서 한 적도 있다. 얼룩말의 신기한 얼룩을 보며, 지겨운 듯 입이 찢어져라 하품하는 늙은 사자를 보며 나처럼 아무 생각 없는 어린이들은 시상을 떠올렸던 것이다. 사당 툇마루에 앉아 누군가의 무덤을 보며 아홉 살짜리가 상상할 수 있는 게 무엇이었을까. 그날 내가 쓴 시를 거의 정확히(살면서 나도 모르게 조금씩 각색되었을 수도 있지만) 기억하고 있다. 거짓말처럼 들리겠지만 나의 첫 시는 학년 차석을 했다.

무덤과 아이

탐스럽게 둥그렇게 땅이 솟았네
땅 아래의 어른은 땅 위의 아이에게 물었네
애야 애야 너는 누구니
하지만 땅 위의 아이는 어른을 볼 수가 없네.
어른을 찾다가 무서워 못 들은 척하네.

시를 쓰기 위해서는 일단 잘 들여다봐야 한다고, 영화 「시」에서 김용택 시인이 말했지만 어디 시만 그러할까. 삶이라는 것도 지금보다 의미 있어지려면 마구 사는 대로 생각하는 것을 잠시 멈추고 천천히 이면을 잘 들여다보는 게 필요할지 모른다. 그때의 나와 지금의 나는, 아이와 어른으로 완전히 다른 감각이겠지만 아홉 살짜리 눈에 비친 무덤은 어른들이 그냥 스쳐 흘리는 왕릉과는 사뭇 다른 것이었다. 시란 삶과 죽음 사이의 비밀을 설명해주는 은밀한 틈새 같은 것. 살면서 잊기 쉬운 것, 있을 땐 모르지만 없으면 표가 나는 어떤 것, 눈에 보이지 않는 삶의 아름다움을 표현하는 것, 그것이 시가 아닐까.

시인이 파놓은 깊은 우물 같은 공간이 부암동 언덕 하얀 집에 있다. 성곽길 서측 코스와 닿아 있는 윤동주 문학관이다. 좋은 시를 읽을 때 느끼는 충만감이 있다면, 건물로도 그런 느낌이 전달된다는 것을 알게 해주는 공간이다. 부암동 언덕 옛 수도가압장이 있던 곳에 자리한 문학관은 윤동주라는 시인을 잘 모르는 사람들에게도 그의 시를 읽어보고 싶게 만드는 힘이 있는 것 같다. 문학관이라는 용도 자체가 그런 권유를 목적으로 하는 것이겠지만, 작은 공간 안에 표현된 삶과 죽음은 어떤 험난한 인생의 보석 같은 은유들을 보듬어 품고 있다.

수도가압장은 강한 압력으로 물을 끌어올려 저장한 후 인근 동네 각 세대로 공급하기 위한 시설이다. 예전엔 인근 동네로 나가는 물탱크 두 개와 펌프가 들어 있던 작은 창고였다. 문학관 윗길은 젊

윤동주 문학관
by Choi

은 날 윤동주 시인이 연희 전문학교를 다니며 하숙하던 누상동 집에서 산책길로 이용했던 '시인의 언덕'이다. 「자화상」을 비롯한 그의 대표작 중 다수가 이 시절에 쓰였다는데, 말하자면 시인의 고향 같은 장소라고 해야 할까. 그를 기리는 문학관을 지자체가 나서서 왜 이 곳에 만들었는지 이해가 되는 대목이다. 훌륭한 시인을 기리면서, 한편으로는 시와 닮은 공간을 만들어 시의 언어를 공간의 언어로 표현하려 했던 건축가의 생각이 잘 드러난다. 공간으로 구축한 시랄까. 백색 페인트 마감으로 단순하게 처리된 작은 외관을 봐서는 전혀 예상하지 못할 시인의 '우물'이 내부에 전시되어 있다. 시 속에서 우물은 윤동주 자신이었건만.

산모퉁이를 돌아 논가 외딴 우물을 홀로 찾아가선 가만히 들여다봅니다. 우물 속에는 달이 밝고 구름이 흐르고 하늘이 펼치고 파아란 바람이 불고 가을이 있습니다. 그리고 한 사나이가 있습니다

— 윤동주, 「자화상」

시인의 유품과 자필 서신, 사진 등을 전시하고 있는 전시 공간을 찬찬히 훑어보고 두 번째 장소로 넘어가면 하늘로 열린 작은 외부 공간이 펼쳐진다. 마치 그의 시 「자화상」에 등장하는 우물처럼 구름이 흐르고 하늘이 있고 파란 바람이 불며 가을이 불쑥 다가오는 시인의 세계다. 물탱크에 담겨 있던 오래된 물때 흔적이 마치 지층처럼 벽면에 남아 시간이 얼마나 오래되었을까 방문자에게 물어보는데,

그 또한 시인의 질문처럼 느껴진다.

　더럽고 낡은 것이 더럽고 낡게 느껴지지 않는 것은 그것이 삶과 죽음 사이에 흐르는 시의 감각을 관람자에게 풍경으로 질문하기 때문이고, 그런 질문을 새겨놓은 공간이 존재하기 때문이다. 우물을 지나 둔중한 철문을 열고 들어서면 이번엔 캄캄한 방이다. 이곳은 시인의 깊은 자의식의 세계. 한편으론 그가 고문 받다 죽은 후쿠오카의 어느 독방이 떠오른다. 부연 설명 없이 마치 시를 읽어 나가듯 공간에 담긴 의미가 차례차례 눈앞에 펼쳐진다. 철문이 닫히고 영사기에선 시인의 일생을 벽면에 비추어 보여준다. 물탱크 점검 사다리가 달려 있던 천장의 작은 구멍을 통해 빛이 들어오고 물때 묻은 낡은 벽은 그림자를 지운다. 문득, 한 사람의 인생을 생각한다. 열린 정원과 닫힌 감옥 사이에서 방황했던 누군가의 인생. 그가 걸은 인생은 아마도 두 개의 공간을 오가며 축적되었을 것이다. 이 집을 지은 건축가는 공간을 계획하면서 스스로 시인이 될 수밖에 없었겠다. 백지 한 장, 연필 한 자루 놓고 시인의 마음이 되어 그려 나갔을 공간. 영상이 끝날 무렵 오랜만에 시를 한 편 써야겠다는 생각을 했다. 별이 차가운 바람에 스치우는, 아주 깊은 밤에 대한 시. 나의 공상이 그의 시상에 닿을 수 있을까. 고맙고 미안합니다.

순댓국이
생각나는

신당동 창작아케이드
중구 마장로 87

윤동주 문학관 얘기를 하는 걸 보니 최 소장이 성곽길 인왕산 코스를 걸었나 보다. 이 코스의 장점이라면 아무래도 서촌과 이어진다는 것인데, 이미 핫 플레이스로 뜬 서촌이기에 특별히 덧붙일 것은 없다. 갤러리 팩토리, 보안여관, 대림미술관 같은 개성이 뚜렷한 크고 작은 전시장과 전통시장, 카페 등 다양한 맛집과 쉼터 중에서 어떤 보물을 찾을지는 개인의 몫이 되었다. 맛집 기행으로 할지, 작은 미술관 탐방으로 할지, 이도 저도 아니면 최 소장이 걸었던 성곽길을 걸으면서 연필 한 자루와 종이 한 장을 놓고 시를 쓸지. 나는 글을 쓸 때 노트북을 사용한 지 오래라 그 길을 걸어도 연필 한 자루 생각이 들지는 않더라(스케치할 때는 타블렛을 쓰기도 하지요). 아무튼, 봄이 되고 날이 풀리면 올해는 단군 이래 최대 순성놀이가 벌어지지 않을까 추측해본다.

나도 한때 시를 쓰고 싶었던 적이 있다, 라고 말하면 부끄럽고, 시라고 추정되는 메모를 끄적거린 적이 있다. 아마 나뿐만 아니라 1990년대를 보낸 젊은이라면 시집 한 권 쯤은 읽어 보지 않았을까. 그때는 황지우, 이성복, 장정일, 최승자, 기형도가 있던 시대였으니까. 책꽂이에 시집이 한 권씩 늘어나면서 나도 시 비스름한 뭔가를 끄적거렸을 수도 있다. 내 롤모델은 이문재 시인으로, 그의 첫 시집, 『젖은 구두 벗어 해에게 보여줄 때』에 실린 「우리 살던 옛집 지붕」이 특히 좋았다. 이 시의 첫 구절은 이렇게 시작된다.

마지막으로 내가 떠나오면서부터 그 집은 빈집이 되었지만
강이 그리울 때 바다가 보고 싶을 때마다
강이나 바다의 높이로 그 옛집 푸른 지붕은 역시 반짝여주곤 했다
　　　　　 – 이문재, 『내 젖은 구두 벗어 해에게 보여줄 때』(문학동네, 2004)

이 구절을 읽고 머릿속에는 어떤 푸른 지붕의 이미지가 떠올랐
다. 우리가 삶에 지쳐 허허로울 때 돌아갈 수 있는 따스한 파란색 지
붕을 인 집에 관한 이미지. 슬쩍 눈물이 났고 시상이라기보다 떠오
른 이미지를 잡고 싶어서 시집 뒤편에 뭔가를 끄적였다. 제목은 「기
억 속의 푸른 기와집」이라고 지었다. "낙오한 병사의 어깨로 찾아온
기억 속의 푸른 기와집에는……" 이렇게 시작하는 그 시를 다 적으
면 당신 참 얼굴도 두껍네, 라거나 무한도전 가요제의 모팀이 겪은
표절 시비 저리 가라 할 정도의 '표절 욕'을 먹을까 봐 이만하겠다.
역시 술 먹고 글을 쓰거나 설계를 하면 안 된다.
　그러니 최 소장이 유년 시절 차석을 받았다고 내놓은 시를 보고
놀란 건 당연하다. 특히 두 가지가 잊히지 않는데, 첫 번째는 놀라
운 기억력(수십 년이나 지난 글을 아직도 기억하다니!)이고, 두 번째
는 죽은 자의 말을 들을 수 있는 초능력('애야 애야 너는 누구니'라는
구절을 보건데)이다. 이 양반이 「고스트 위스퍼러」라는 미드의 주인
공처럼 죽은 자들의 이야기를 들을 수 있는 신기가 있는 건 아닐까.
그리고 보면 이야기를 나눌 때마다 내가 미처 말을 끝내기도 전에
내가 말하려는 문장의 뒷부분을 미리 한마디 앞서 말하는 버릇도

다 그의 이런 능력에서 비롯된 건 아닐까 싶다. 어쩌면 최 소장은 지금 내가 윤동주 문학관을 보고 무슨 얘기를 하려는지 다 알고 있을지도 모르겠다. 그러니 내 글을 기다리지 말고 다음 꼭지를 쓰도록.

능력자 최 소장이 「자화상」이라는 시에 나오는 '우물'을 떠올리며 감탄했던 윤동주 문학관 중정에서 나 역시 하늘을 올려다본 적이 있다. 사각형 프레임 안에 갇힌 파란 하늘. 이곳에 오는 누구라도 한 번쯤 올려다보며 카메라를 들 수밖에 없는 그런 하늘이다. 우물에서 보면 하늘이 과연 이렇게 보일까? 우물에 들어가본 적이 없어서 하는 말인데 만일 우물 속에서 보는 하늘이 정말로 이렇게 멋지다면 한 번쯤은 우물에 빠져봐야 하지 않을까 하는 생각이 들 정도로 좋다.

이후 만나는 사람마다 그곳에 꼭 가봐야 한다고 수선을 떨었다. 특히 윤동주 시인의 정체성을 절묘하게 표현한 공간과 더불어 낡은 수도가압장의 변신은 꼭 한번 봐둘 필요가 있다. 나는 이제껏 이렇게 훌륭하게 변신한 수도가압장을 본 적이 없다. (그러고 보니 수도가압장을 가본 게 이번이 처음이네요.) 거의 마술 수준이다. 데이비드 코퍼필드가 만리장성을 순식간에 통과하는 정도의 것은 아니지만 적어도 모자에서 토끼가 뿅 하고 나오는 것보다는 훨씬 놀랍다. 수도가압장이라는 곳이 원래 이런 가능성이 있는 공간이었던가? 그럼 전국에 안 쓰는 수많은 수도가압장을 모두 문화시설이나 도서관 등으로 바꾸면 어떨까 하는 과격한 생각마저 든다. 비단 그런 생각을 한 게 나만은 아니었는지 얼마 지나지 않아 금천구에서도 버려진 수도가압장을 지역 주민들을 위한 공간으로 재활용한다는 소식이 들렸다. 센스쟁이들 같으니라고. 이러다 21세기에는 수도가압장의 르네상스가 열릴지도 모르겠다.

수도가압장 얘기만 해서 그렇지, 실은 더는 사용하지 않는 도시 인프라들을 문화, 전시, 창작 공간으로 재활용하는 도시 재생 사례가 점차 늘고 있다. 그중에 흥미로운 곳이 서울시 창작공간조성사업의 하나로 만들어진 '신당창작아케이드'다. 신당창작아케이드는 원래 황학동 중앙시장 아래 지하상가로 사용하던 점포의 일부를 예술가를 위한 작업 공간으로 바꾼, '시장+예술'의 하이브리드, 짬뽕 공간이다.

1971년 오픈한 신당지하상가는 원래 지상의 성동중앙시장(지금의 서울중앙시장) 상인들이 돈을 모아 직접 만든 국내 최초의 민자형 지하상가로서 당시는 동양 최대 규모였다고 한다. 당시 중앙시장은 서울 3대 시장 중의 하나로 꽤 큰 규모를 자랑했는데, 일부 점포가 소방도로 확보를 위해 폐쇄 당하자 상인들이 직접 돈을 모아 지하에 상가를 만들겠다고 나선 것이다. 관은 처음에는 허가를 내주지 않다가 김신조 일당 사건이 발생하자 전시에 방공호로 사용한다는 조건으로 시공 허가를 내주었다. 이후 3년간의 공사를 거쳐 1971년 완공된 지하상가는 처음에는 주변 동대문 상권과 시너지 효과를 일으켜 엄청난 호황을 누렸다. 그러다 점차 상가 주변으로 건널목이 늘어나

신당동 창작아케이드
by Cha

면서 지하로 유입되는 인구가 줄어들고 인근 백화점, 쇼핑몰로 손님이 빠져나가면서 쇠퇴의 길을 걷는다. 그 후 1996년에 민간 관리권을 서울시가 넘겨받았다.

시가 관리한다고 해도 뾰족한 활성화 수가 있을 리가 없었지만, 총면적 1,304평방미터, 98개 점포 중 공실률이 46퍼센트가 넘어서던 2009년, 서울시는 창작공간조성사업의 일환으로 비어 있는 점포를 공예 중심의 작업을 하는 예술가들의 작업 공간으로 임대하면서 이름도 신당창작아케이드로 바꿨다.

4년이 지난 지금 신당창작아케이드에 대한 평가는 대체로 호의적이다. 공예라는 분야가 순수예술보다는 사람들의 생활과 밀접한 분야이기도 하고(회센터 옆에서 예술혼을 불사르는 예술가는 좀 그렇잖은가?) 작가들의 의식 또한 지상 시장과 공존해야 한다는 점을 인식할 만큼 깨어 있던 덕분이다. 그동안 이들이 벌였던 사업 명칭—'날로 먹는 데이' '흥+정 가게' '골목 누빔' '얼굴 걸고 판다' '나도 예술가'—만 봐도 주변 시장과 관계 맺기에 꽤 노력한다는 것을 알 수 있다.

개인적으로 짬뽕을 굉장히 좋아하는지라 시장+예술의 공간은 어떤 모습을 하고 있을지 궁금증을 풀기 위해 휴일 오전 창작아케이드를 찾았다……라고 하면 좀 그렇고, 글을 쓰기 위해서 시간을 냈다. 육고기, 채소류, 생선 비린내가 흥건한 시장 냄새와 풍경들 사이에 지하로 내려가는 창작아케이드 입구가 슬며시 보였다. 시장 한복판에 문화 공간 입구라니. 왠지 다른 세계로 떠나는 출발점 같다. 해

신당동 찹쌀아케이드
by Cha

신당동 청거아케이드
by Cha

리 포터가 마법학교로 가기 위해 돌진하던 킹스크로스 역 9와 3/4 플랫폼처럼. 그럼 지하에는 별천지가 펼쳐져 있을까? 계단이 저절로 움직이고 벽에 걸어 놓은 작품이 말을 거는 그런 세상. 한껏 고무된 기분을 안고 지하아케이드 통로에 섰다. 그곳은 뭐랄까…… 깔끔하고 조용했다. 아주 조용했다. 문득 조금 전 2호선 신당역 3번 출구 커피번에서 일하던 여직원분과 나눴던 잡담이 생각났다.

나: 근처에 지하창작아케이드가 있다면서요? 어때요?

그분: 글쎄요 회덮밥 집은 많은 것 같던데 잘 모르겠어요.

휴일 오전 너무 일찍 간 탓인지, 390미터에 이르는 깔끔한 지하 아케이드는 무척 조용했고 들락거리는 손님들은 횟집들만 찾더라. 아무도 없나요 외치면 메아리만 맥없이 돌아왔다. '없나요~ 없나요~ 없어요~ 없어요~' 그래서 일단 걸었다. 횟집을 지나자 작업실이 보이고 그 옆에 이불집이 있고 다시 그 옆에 작업실이 있다. 음, 실室의 배치 역시 하이브리드군. 통로에는 시간이 지나면서 차곡차곡 쌓인 스트리트 퍼니처들이 눈에 띄고 양편으로 얼굴을 내민 작업실 창으로 개성 넘치는 작품들이 흘러넘쳤다. 조용하기만 한 지하통로인 줄 알았는데 창 너머 보이는 내부 작업실들이 지하 통로에 전시된 작품들 같았다. 만일 이곳을 갤러리라고 한다면 작품을 하나씩 걸어두고 전시하는 것이 아니라 작업 공간 자체가 전시물이 된 스트리트 갤러리라고 할 수 있겠다. 천천히 걸으며 작업실을 들여다보는 재미가 쏠쏠했다. 작업자들이 안에 있었다면 민망해서 그렇게 빤히 바라보지 못했을 것 같은데, 오히려 조용하니 감상하기는 더 좋았다. 사실 작품이야 전시장 가면 볼 수 있지만, 작업실을 볼 기회가 어디 그리 흔한가. 작업실마다 점수를 매기며 걷다가 오늘의 승자는 그 시간에 유일하게 일하고 있던 작가의 작업실로 정했다.

간단한 지하 산책을 마치고 올라와 순댓국 하나를 시켰다. 질펀한 시장 냄새에 웃음이 나왔다. 아래는 심각하게 '예술이란 이런 거야!' 하며 작업하는 작가들이 있고 위에는 저잣거리 삶 냄새의 진면목을 보여주는 시장이 있으니 말이다. 문득 지하창작아케이드의 지향점이라는 게 결국 순댓국 같은 게 아닐까 싶다. 시장과 예술을 커다란 솥에 넣고 뼈가 말랑말랑해질 때까지 푹 고아내면 두 개가 구별이 안 가는 구수한 국물로 남는 순댓국 말이다. 그러면 지하창작아케이드의 성공은 순댓국을 제대로 만들 수 있느냐에 달린 건가?

응답하라
1994

신사동 가로수길
강남구 입구정로 12길과 도산대로 13길

신당동이라는 세 글자만으로도 한때 뻔질나게 드나들던 그 동네 할 매집 떡볶이가 생각나는 아저씨에겐 '신당동=떡볶이'라는 공식 외에 달리 떠오르는 게 없다. 그래서 집에서 즉석 떡볶이를 해 먹었다. 집에서 아무리 떡볶이를 잘 만들어봤자 신당동의 그 맛이 나올 리 없겠지만. 아쉬운 대로 일단 떡볶이를 했다는 것만으로도 식구들에게 점수를 땄다, 고 말하고 싶었으나 큰 애는 너무 맵다고 툴툴, 아내는 국물이 너무 좋아서 짜다고 툴툴이라 결국 혼자 먹다가 반을 남기고 말았다. 이게 다 차형 때문이다.

사실 옛날 일을 잘 기억하지 못하지만 유년기의 몇 없는 쾌거에 대해서는 (당연한 얘기겠지만) 비교적 또렷이 기억하고 있다. 난생 처음이자 마지막으로 올백을 맞았을 때, 잘해야 3등 정도 하던 운동회 달리기에서 이변의 1등을 했던 순간, 나보다 잘 싸울 것 같던 옆 반 녀석과의 대결에서 시원한 완승을 거뒀을 때 등등. 누구에게나 젊은 날의 짠했던 순간은 쉽게 잊히지 않기 마련이다.

하지만 그런 기억을 빼면 먹고살기 바쁜 마당에 과거의 일들은 너무 신속하게 잊고 만다. 자연스레 차형처럼 기억이 잘 안 난다는 가련한 아저씨들만 여기저기 급속히 늘고 있는 상황이기는 한데, 그래서인지 가련한 아저씨들(특히 가끔 청문회에 나오는 아저씨들도 포함)이 좋아할 만한 일명 '옛 기억 되살리기' 프로그램이 많아지고 있는 것 같다. 몇 달 전 나의 주말을 책임졌던 「응답하라 1994」(이하 「응사」)도 그랬다. 특히 「응사」는 나나 차형 같은 아저씨(라고 어쩔 수 없이 써야 하는)들에게 오랜만에 본방 사수의 즐거움을 만들어주었다.

옛날이 좋았어, 그때가 재밌었지, 라고 자꾸 떠올리는 풍토가 나라를 걱정하는 분들 입장에선 어떨까 싶다. 앞만 보고 달려가도 닿을까 말까한 GDP 목표치나 국가경쟁력 지수와 전혀 상관없는 한가한 옛날이야기에 취한 아저씨들이라니 쯧쯧, 이라고 재계나 정계의 지도자 몇 분께서는 한심하게 생각할 수도 있을 듯. 하지만 요즘처럼 하루하루 세상 돌아가는 꼴이 블랙 코미디 같은 시절에 드라마를 통해 잔잔한 위로라도 받을 수 있다면 국가적 측면에서도 좋은 일 아닐까. 물론 불만스러운 현재에 대한 일탈로서 과거를 돌아보는 나름 예리한 풍자극일지도 모르지만. 아무튼 정색하며 재미가 있어 봤자지 하며 드라마를 보기 시작했는데 예상외로 너무 빠져 들어서 결국엔 한 회도 안 빼고 전부 봐버렸다. 메에에에…… (이 소리 아시죠?)

과거의 물건이나 사건, 추억에 열광하다 보니 기억력이 갈수록 안 좋아지는 건 어쩌면 우리 탓이 아닐지도 모른다는 생각도 든다. 세상이 달리는 속도와 개인이 살아야 하는 속도가 현저하게 다르니 '현재'라는 누가 정한 것인지도 모를 기준에 우리를 맞추기 위해서는 늘 허덕이게 되고 정작 챙겨야 할 소중한 것들은 죄다 흘리며 살아가는 것이다. 하지만 까맣게 잊고 있던 노래들이 흘러나오고 그 시절의 패션과 언어와 익숙한 도시 풍경들이 나오자 마침내 나도 그때 내 옆에 있던 누군가를 떠올리게 되었다. 그 사람과 함께했던 오래된 공간도 함께.

그 해를 살았던 다른 아저씨들도 나 같았을까. 아저씨라고 스스로 말하기엔 아직 젊은 게 아닌가 여전히 착각하고 싶은 1994년 20대 청춘을 살아가던 남자들의 이야기다.

때는 1994년 여름, 나는 노이즈 2집과 전람회 1집, 너바나 4집 『네버마인드』 테이프를 소니 워크맨에 꽂고 유럽 배낭여행(을 하면 좀 잘나가 보이던 시절이어서)을 갔다가 한 달 반 만에 거의 거지꼴이 되어서 돌아왔다. 서울은 머리가 벗겨질 만큼 찜통더위에 시달리고 있었다. 유럽 어딘가를 돌고 있을 때 김일성이 죽었다고 배낭여행자들 사이에 소문이 돌았는데 그렇다고 『르몽드』나 『가디언』 『슈피겔』을 사볼 정도의 기특한 생각을 하진 않았고, 인터넷도 없으니 더 알고 싶어도 알 수가 없었다. 돌아오고 보니 서울은 사상 최고의 더위라고 난리가 났는데, 매일 40도가 넘는 로마의 살인적 더위를 견디고 온 나는 그럭저럭 견딜 만했다.

유럽에 있는 동안(얼마나 있었다고!) 드라마 「사랑을 그대 품안에」에서 차인표가 색소폰을 불러대는 바람에 여자에겐 역시 색소폰이군 하며 고개를 끄덕이던 스물셋 남자의 철없던 여름. 질릴 만큼 놀다가 군대도 후딱 해치우고 유럽까지 다녀왔으니 이제야 말로 건축 설계에만 매진(더 놀아봤자 별 수가 없었기도 했고)하리라 굳게 다짐을 하려던 찰나, 한 여자가 내 마음에 들어왔다(는 정우성이 자전거를 타고 나왔던 광고 카피였지만, 암튼).

그녀를 처음 만난 건 신사동 가로수길(차형이 「칠갑산」을 불렀던 청담동의 옆 동네)이었다. 시크하며 내성적 분위기의 압구정동 아파트촌과 활달하지만 뭔가 산만해 보이는 신사동 유흥가를 잇는 길이었다. 하지만 활달하고 산만한 스타일의 그녀는 언제나 압구정 쪽에서 올 때가 많았고, 시크하며 내성적이던 나는 신사동 사거리 쪽에서 올 때가 많았다. 그러다 보니 길의 중간쯤 있던 작은 맥줏집에서 우리는 그 더운 여름 내내 감자튀김과 맥주를 먹었던 것이다. 먹고 나선 늘 옆 건물 ATM기 계단에 걸터앉아 말보로 라이트를 함께 피웠다. 밤이 늦어지면 사람도 차도 별로 다니질 않아 시간이 몇 시쯤 되었는지 알 수가 없던(연인들에게는) 참 바람직한 길이었다. 믿어지지 않겠지만 맑은 날 밤엔 별도 잘 보였다. 그녀는 계단에 반쯤 누운 자세로 별을 보며 한숨인지 담배 연기인지 모를 긴 숨을 내쉬다가 느닷없이 몸짱 배우 차인표와 허벅지가 유난히 튼실했던 최초의 메이저리거 박찬호 이야기를 자주 꺼냈다. 그때마다 나는 역시 남자는 근육인가 하는 몹쓸 궁금증을 품곤 했었다.

그녀와 그 밤길을 걷는 게 좋았다. 짙은 노란빛으로 빛나던 가로등과 투박한 보도블럭이 깔린 좁은 인도 위를 터벅거리며 걸을 때 그녀는 종종 느닷없이 내 팔짱을 꼈는데 무더위에도 불구하고 그녀의 체온은 서늘하게 내 옆구리를 타고 뒷목으로 전해졌었다. 나는 그 떨림이 신기해서 이대로 시간이 흐르면 온몸이 덜덜 떨리겠구나 걱정이 될 정도였다. 길을 걷다 마로니에의 「칵테일 사랑」을 흥얼거리면 이내 그녀가 따라 불렀다. 그다음엔 임종환의 「그냥 걸었어」, 투투의 「일과 이분의 일」, 듀스의 「여름 안에서」, 전람회의 「기억의 습작」, 황규영의 「나는 문제없어」를 누가 먼저랄 것도 없이 메들리로 흥얼거리곤 했다.

거리 주변의 허름한 벽돌 건물 1층에 드문드문 자리한 소박한 옷 가게, 불 꺼진 윈도와 마네킹 들도 기억난다. 윈도 앞에 예쁜 옷이라도 걸려 있으면 노래를 멈추고 그 앞에서 한참을 지켜보던 그녀의 뒷모습도. 그녀는 옷을 보고 나는 그녀의 뒤에서 유리에 비친 '우리'의 풍경을 설레는 마음으로 지켜보며 흐뭇해했다.

주변 골목은 어둡고 조용한 주택가였다. 그녀는 가끔 그 골목에 있던 집을 보러 가곤 했다. 막다른 골목길에 있던 그 집은 마당이 제법 넓은 평범한 2층 양옥이었는데 잘살았을 때(그녀 아버지 사업이 잘나갔을 때) 살았던 집과 닮았다고 했다. 그녀는 아무 말 없이 골목 초입에서 그 집을 한참 바라보곤 했다. 그럴 때면 여름밤의 열기 탓인지 그녀의 눈동자 근처엔 언제나 아지랑이가 피어올랐다.

어느 날, 영화 「건축학 개론」의 남자 주인공처럼 그녀를 위한 2층 주택을 스케치해서 모형까지 만들어 보여준 적이 있었다. 왠지 그러면 불확실한 우리 둘의 미래가 눈앞에 확정적으로 펼쳐질 것 같았고 그런 발칙한 상상을 그녀도 좋아할 줄 알았던 것이다. 하지만 기대했던 표정을 보고 싶어 며칠 밤을 새워서 만든 그 집을 그녀는 별로 좋아하지 않았다. 마치 왜 이런 짓을 했어, 라고 말하는 듯한 무표정한 눈빛에 그녀가 야속해진 나는 모형과 스케치를 보란 듯이 거칠게 백팩에 구겨 넣고 아무 말 없이 담배만 피워댔다. 가로수 잎들이 카페 창 밖에 흐트러졌다. 1994년 가을이었다.

신사동 가로수길
by Choi

지금도 가로수길에 가면 나도 모르게 1994년의 시간을 두리번거리게 된다. 가로수길이라는 이름도 애매하던 그 시절, 한 모금 들이켜면 입안이 어는 것 같던 전설적인 생맥주와 유난히 바삭거리던 웬지 감자튀김, 무더운 그 길을 더 더워보이게 하던 나른한 불빛의 가로등, 작은 옷가게에 비치던 두 사람의 풋풋한 풍경…… 유흥가와 아파트촌을 잇던 그 길의 공간들은 마치 우리 둘을 위한 비밀장소처럼 은밀하게 존재한 현실이었건만 지금은 은행 앞 계단에 걸터앉아 피우던 말보로 연기처럼 전부 다 흩어져버리고 말았다. 겨우 20년이 흘렀을 뿐인데, 나는 여전히 그 순간을 기억하는데, 공간은 보이지 않는다. 노란 간판의 맥줏집이 있던 자리엔 어느 지중해 해안가에 칠해져 있을 법한 백색 스터코를 바른 파스타 집이 들어왔고, 자그마한 옷가게들은 모조리 시크한 카페와 대형 브랜드 매장으로, 은행이 있던 3층짜리 벽돌 건물은 노출 콘크리트와 샤프한 유리로 치장한 건물로 바뀌었다. 유일하게 1994년과 같은 게 가로수들뿐이라 가로수길이라 부르는 건 아닐까 싶을 만큼 참 많이도 변했다.

　　어떤 장소를 그리워하는 이유, 그것은 시간이다. 시간이 장소에 묻어 있기에 그것을 추억하러 온다. 드라마를 보며 내가 가로수길의 추억을 떠올렸듯 또 다른 누군가는 1994년 종로 어느 모퉁이의 추억을, 사당역 골목이나 신촌 어딘가의 추억을 떠올릴 것이다. 삐삐에 찍힌 전화번호에 금세 행복해져 한걸음에 공중전화로 달려가던 그 시절의 청춘들. MP3 음원으로 듣는 수백 곡의 노래보다 CD나

LP를 플레이어에 직접 걸어 듣는 단 한 곡의 충만감이 더 좋다는 것을 여전히 기억하는데, 이제는 그리움만 남고 나머진 시대에 밀려버렸다.

내게 지금의 가로수길은 1994년에 각인된 그 장소가 아니다. 장소는 너무 넘치게 커지고 풍족해져 한가로이 뭔가를 추억할 여지를 남기지 않는다. 장소의 두께는 얇아지고 남겨진 시간은 빈약해졌다. 1994년 흥얼거렸던 노래들을 스마트폰으로 들으며 가로수길을 걷다 보니 문득 그녀와 걸었던 무더운 여름밤의 기억이 되살아난다. 애틋하기도 하고 행복하기도 한 기억. 뭔가 그리운 마음이 들기도 하지만 그 노래가 그리운 건지 그 시간이 그리운 건지 그 공간이 그리운 건지, 아니면 그 사람이 그리운 건지 잘 모르겠다.

어쨌든 잊고 있던 1994년의 장소를 즐기게 해준 「응사」 제작진께는 심심한 감사를 보낸다. 기억력 안 좋기로 유명한 나 같은 사람도 덕분에 시간들을 끄집어내어 공간을 다시 만끽할 수 있었으니. 개인적으로 1988년도 좀 좋아하는데, 혹시 「응팔」엔 관심 없으신지. 누구나 그런 특별했던 해 하나쯤 있지 않을까?

광화문을
빼앗긴
타임킬러

광화문 광장
종로구 세종대로 172

아저씨라……. 최 소장님, 이런 호칭을 마구 써도 되는 건가요? 옆에 다른 사람들이 있는 것도 아닌데 우리끼리 이러면 안 되죠. 사실 저는 스스로 나이가 들었다고 느낀 적이 없습니다, 라고 말하면 거짓말이지만 거의 없는 것처럼 살아가는 중입니다. 몸이 사~알짝 더 힘들고 이 사이에 음식물이 잘 끼고 책을 볼 때 눈이 조금 침침해 눈을 깜박이는 횟수가 늘어가는 건 사실이지만 내 영혼은 언제나 청춘이다(인가?), 라고 믿고 사는 중이죠. 그러니 고작 마흔 중반에 아저씨 호칭을 받아들여도 되는지 잘 모르겠습니다. 쓸 만한 다른 단어는 정녕 없을까요? 분명히 뭔가 있을 겁니다. 그러니 우리 한번 잘 찾아봅시다, '격'에 어울리는 호칭을. 주위 건물을 둘러보면 눈에 띄는 것들이 있습니다. 그중에 청계천변 삼일빌딩, 1970년 개띠(착공 기준)로 나랑 동갑입니다. 최근 주변에 젊은 것들이 들어서기 시작하면서 조금 나이 들어 보이기는 하지만 왕년에 서울에서 가장 잘나갔던 뚝심은 여전하잖아요. 그러니 아저씨라는 호칭은 저리 치우고 힘냅시다. 건물 따위에 질 수는 없잖아요, 라고 최 소장에게 말해 주고 싶다. 하지만 이런 거부의 몸짓 자체가 스스로 아저씨가 되었음을 고백하는 건 아닐까 싶어 망설여진다.

사람마다 호불호가 갈리겠지만, 나는 '아저씨'라는 단어가 몹시 마음에 들지 않는다. 그럼 중년? 읍쓰. 그래도 『중년의 발견』이라는 책을 보니 인간은 중년에 가장 지혜롭고 나이가 들수록 용감해진단다. 중년이 이렇게 가능성을 지닌 단어인 줄 처음 알았다. 그에 비하면 아저씨라는 단어에서는 목에 걸린 가시처럼 찝찝한 이물감이 느껴진다. 더 이상 젊지도 않고, 그 나이를 먹도록 뭐 하나 이루지 못한 회한의 찌꺼기 같은 것들이 봄날 황사와 섞인 초미세먼지처럼 텁텁하게 주위를 감싼다. 그래서 최 소장이 아저씨라고 부를 때 여태껏 뭐하고 살았나 싶은 후회가 밀려오는 것이다.

기억이라는 인생의 데이터베이스에서 '아저씨 & 후회'로 검색을 해보면 젊은 시절 심각하게 빈둥거리며 시간을 보내던 일들이 주르륵 튀어나온다. 물어보면 그저 그러고 싶어서라는 대답밖에 할 수 없었던 일들, 무작정 올라탄 버스, 종점에서 내리면 맞아주던 낯선 거리의 모퉁이에서 이제 어디로 가야 할까 막막해하던 일들, 하릴없이 공항에서 바쁘게 어디론가 사라지는 사람들의 뒷모습을 바라보며 이곳을 벗어나는 공상을 하던 일들. 그때는 조금 외로웠던 것 같다. 그러다 날이 좋은 계절에 이도 저도 마땅치 않은 날이면 광화문 세종문화회관 주변을 어슬렁거렸다.

세종문화회관이라면 보통 럭셔리한 공연을 즐기는 선남선녀의 모습을 기대하지만, 나는 2층 테라스(지금은 폐쇄 중)에서 거리를 내려다보며 저렴하게 시간을 보냈다. 교보문고에서 책을 한 권 사고, 자판기 커피를 뽑아 들고, 테라스 의자에 앉아 난간에 발을 올리고 있으면 발 아래로 차들이 지나가고 사람들이 지나가고 계절이 지나갔다. 엄덕문 선생이 세종문화회관을 설계하실 때 외로운 청춘이 찾아와 시간을 보내라고 테라스를 만든 것은 아니겠지만, 그곳은 1층의 거리와 분리되어 조용했고 규모도 크지 않아 한산했으며 값싼 자판기 커피가 있어 몇 시간 보내기에 적당한 곳이었다.

당시 광화문 주변은 혼자서 시간을 보내기 좋을 만큼 아주 조용했다. 그렇게 조용했던 이유는 아마도 이곳이 대한민국 정치의 중심지로서 일체의 민의民意가 배제된 공간이었기 때문일 것이다. 민의가 배제되었다는 것은 사람들의 목소리가 들리지 않는다는 것이다.

역사를 거슬러 올라가보면 광화문 거리는 조선 시대에는 국가 행정의 중심인 육조거리로 관아의 벼슬아치들이 다니거나 임금이 행차하던 곳이었다. 이 자리에 일제강점기에는 조선총독부가, 해방 후에는 미 대사관과 정부종합청사가 들어섰다. 덕분에 광화문 하면 어떠한 시위, 의견의 개진도 허용되지 않는 곳, 정치 이벤트만 열리던 곳, 경찰들이 지독히 불심검문을 해대는 통에 참으로 걷기 싫은 곳이었고 그래서 조용했다. 그들은 가능하면 근처에 오지 말라는 무언의 경고를 날리고 있었던 것이다.

1990년대 광화문에는 민의만 없었던 게 아니라 개인도 없었다. 90년대를 거치면서 압구정동을 시작으로 소비의 주체인 개인들이 등장했지만, 광화문에 등장하는 인물들은 대략 다음과 같았다. 이순신 장군이나 2002년 월드컵의 영웅들 같은 슈퍼히어로들, 민주주의를 외치며 집단의 형상을 한 시위대, 이를 저지하는 경찰 등등. 그들은 대개 역사에 이름을 올릴 만한 대단한 인물이거나 얼굴이 없는 집단의 모습을 하고 있었다. 거기에는 개인이 낄 여지가 없었다. 대신 시간을 죽이던 외로운 청춘들은 세종문화회관 2층 테라스나 '봄, 여름, 가을, 겨울' 등의 이름을 한 카페 같은 작은 틈들을 찾아

광화문 광장
by Cha

다니며 서식했다. 그래도 그 시절 그곳에 감사하는 것은 최루탄이 날리고 불심검문으로 사람들이 끊임없이 쫓겨나고, 궁궐 건축의 기둥 형태를 기괴한 스타일로 뻥튀기했다고(세종문화회관에 대한 함성호 시인/건축가의 평) 손가락질 받았지만, 여전히 지낼 만한 작은 틈과 사이가 있었고, 무명씨들이 서식할 수 있는 생태계가 있었다는 사실이다. 아마도 이문세의 「광화문 연가」나 「옛사랑」의 연인들이 눈 내리는 광화문 거리에서 사랑을 속삭였던 장소 역시 이런 자그마한 서식지들이 아니었을까 추측해본다. 그리고 마침내 2009년. 광화문 광장의 개장과 더불어 수면 밑의 개인들이 광화문의 새로운 주인공으로 고개를 내밀기 시작했다. 마치 육식 거대 공룡의 시대가 저물면서 작은 포유류들이 세상을 차지한 것처럼.

2009년 광화문 광장은 일제에 의해 왜곡된 국가상징축을 바로 잡고 차들에 점령 당한 공간을 시민들에게 돌려준다는 취지로 만들어졌다. 그리고 참, 말들이 많았다. 시청도 그렇고, 동대문디자인플라자도 그렇고 서울 도심에 뭔가 거대한 공공시설물이 나타날 때마다 손가락질 받는 전통의 시작이랄까. 서울 도심 한가운데 길이 557미터, 너비 34미터의 거대한 보행 공간의 등장은 일찍이 없던 사건이라 광장 한가운데를 걸어보면 처음에는 '거참 신기하구먼' 한다. 하지만 지나 보면 양 옆이 차도로 분리되어 차량에 갇힌 섬 같기도 하고, 누구 말처럼 거대한 중앙분리대에 서 있는 것 같아 좀 우스꽝스럽고 그렇다. 그리고 더 지나 보면 그곳은 광장처럼 보이지도 않았고 실제로 광장도 아니라는 것을 알게 된다(뭐라 불러야 할지 모르니 일단 광장이라고 하자).

그리스 아고라를 근원으로 하는 광장은 그 속성이 시민들이 자유로이 의견을 개진하고, 토론이 일어나고, 갈등이 공존하는 공간이다. 공적 민의가 개진될 수 있어야 하는 장소여야 한다. 하지만 광화문 광장에는 시위나 집회가 여전히 원천적으로 불가능하다. 서울특별시 광화문 광장의 사용 및 관리에 관한 조례에 의해 허가를 받아야 하나 정부청사와 미 대사관에서 얼마 떨어져 있지 않아 집회 허가는 내주지 않는다. 공간 역시 각종 설치물로 사람들의 집단적인 모임을 거부한다.

사실 광장인지 아닌지, 또는 정치적 집회가 허용되는지 여부보다 더 불만인 게 있다. 광화문과 주변 환경의 변화가 기존 작은 공간들을 지워버린 것이다. 국가 상징가로의 설정, 광장 조성, 가로 정비, 주변 도시환경정비사업으로 들어서는 빌딩들…… 2000년대 후반부터 광화문 주변에서 개발이 진행되면서 주변 공간들이 점점 매끈해져 가는 것이다. 세종문화회관 2층 테라스는 폐쇄된 지 오래고, 계단은 행사용 무대로 사용되기 일쑤며 뒤편 우거진 등나무가 그늘을 만들던 공원도 사라졌다. 주변 저렴한 식당들이 있던 자리에 고층 빌딩이 들어서고, 피맛골은 국적 불명의 상가로 변했다. 공간이 매끈하니 이것저것 담을 수 있는 여지가 사라져 배회하던 청춘들은 어디론가 흩어졌다. 광장은 개인의 등장을 허용했지만 그때의 개인들이란 통제가 가능한 개인들, 광장에서 놀아줄 개인들, 정치적 의사가 소거된 개인들에 한정된 것이다.

　기껏 만들어놓은 도심부 공공 공간에 대해 이렇게 부정적인 얘기만 해서 애쓴 분들에게 죄송하다. 어쩌면 이분들도 반론을 제기할지 모르겠다. '주말에 봐라, 광장에 얼마나 많은 시민이 모여서 각종 이벤트를 즐기는지. 일찍이 도심에 시민들로 북적이는 공공 공간이 있었던가?' 하며 추방된 타임킬러가 떼쓴다고 몰아세울 수도 있겠다. 그러면 뒷머리를 긁적이며 그럴 수도 있겠네요, 라고 해야 할까? 잘 모르겠다. 사람들로 북적이며 이벤트가 끊임없이 열리는 공간이 좋은 공공 공간인지. 활기차 보이고 만드느라 수고하신 분들도 보람도 느끼고, 그런데 그러면 된 건지 여전히 의심이 든다.

　얼마 전에 읽은 『작은 마을 디자인하기』라는 책의 한 대목이 떠오른다.

　여기서 중요한 것은 커뮤니티 활동뿐 아니라 거기에 참여하지 않는 사람들도 각자의 생각대로 그 장소에서 시간을 보내는 것을 가능하게 만드는 상황입니다. 단순히 앉아서 휴식을 취하는 사람, 책을 읽는 사람, 낮잠을 자는 사람, 지나가는 사람을 구경하는 사람 등 북적임을 만들어내는 건 아니지만, 그 공간에 '참여'하고 있는 사람들의 존재가 중요합니다.

　　　　　－ 이누이 구미코·야마자키 료, 『작은 마을 디자인하기』 (디자인 하우스, 2014)

　책을 읽으며 북적임이라는 현상 뒤에 가려진 액티비티들을 들춰

내는 저자의 안목에 무릎을 쳤다. 그래, 광화문도 저렇게 되어야 하지 않을까? 이벤트에 참여하지 않는 나 같은 사람들도 각자의 생각대로 시간을 보낼 여지가 있는 곳이 된다면 어떨까? 그러면 이벤트가 열리는 주말만 북적이는 곳이 아니라 평소에도 쓸쓸하고 텅 빈 공간으로 남지 않을 텐데 말이다. 광장에서 자유는 무엇이든 할 수 있는 자유뿐 아니라 아무것도 하지 않을 수 있는 자유까지 보듬어야 한다고 믿는다.

세종문화회관 계단에 앉아서 엉덩이를 붙이고 자판기 커피를 홀짝이며 추방된 타임킬러들이 환호 속에 귀환하는 장면을 그리던 중, 광화문 광장의 구조가 이런 자유도를 안을 수 있을까 하는 의문이 든다. 그럼 광장은 어떻게 되어야 할까, 라는 부분을 쓰려고 하는데 지면이 모자라 이 부분은 최 소장의 고견을 듣는 것으로 패스하겠다.

말하자면

상상의
광장

김포공항
강서구 공항동 150

릴레이로 주거니 받거니 다양한 도시 공간들에 대한 이야기를 쓰면 재미있지 않겠냐고 차형이 두 해 전인가 어느 더운 여름날 맥주를 홀짝이며 말을 던졌을 때만 해도 이런 식으로 상황이 흘러갈 줄은 몰랐다. 처음부터 책을 쓸 심산이었던 것도 아니고 우연찮게 시작했을 뿐인데 마침 출판사에서도 괜찮네요, 하는 바람에 일이 여기까지 온 것이다. 이런 경우를 일파만파(아니면 설상가상인가)라고 하던가.

차형이 아저씨를 주제로 원고지 10매를 간단히 써 젖히는 걸 보니 (재미는 있더라만) 이런 식으로 나 역시 얼씨구나 하고 장단을 맞춰 쓰다 보면 건축, 도시 운운하며 시작한 이 책의 취지가 대체 어떻게 될지 약간 걱정이 된다. '건축가들이 쓴 나름 교양 있는 책인 줄 알았는데 대체 뭐임?' 하는 독자들의 분노와 항의가 슬슬 감지가 되는 것이다. 뭐 감지가 된다 한들 이제 와서 별 방법은 없겠지만.

변명하자면 차형과 나는 지금 건축이든 도시든 서울이든 아저씨든 뭐든 간에 결국 삶에 관한 이야기를 하는 중이다. 넓은 마음으로 헤아려보면 그렇다는 것인데 읽는 분들은 어떻게 생각할는지. 어쨌든 매사 먹고 사는 문제다 생각하면 세상에 못 쓸 글이 별로 없을 것 같고 마음이 편해지면서 글을 이어 써 나갈 의욕이 다시 생기곤 한다. 이미 눈치 챘겠지만 릴레이를 시작하면서는 늘 이런 식으로 부정적인 생각을 고쳐 먹으며 하나씩 써 나가고 있다. 긍정적인 마음만이 우리의 시답잖은 이야기를 의미 있게 만들어주리라 다짐하면서.

차형이 광화문 광장(으로 부를 수 있는 장소인지는 여전히 알 길이 없지만)의 아쉬움에 대해 간만에 무척 공감 가는 이야기를 풀어주는 바람에 무척 흥미진진했다. 차형은 믿지 않겠지만 이번엔 밑줄까지 그으면서 글을 읽었다. 세종문화회관 2층 테라스의 추억은 나 역시 공유하고 있는 것이기도 하고. 특히 그 계단에서 세종로를 빠져나가는 차들을 바라보며 캔 맥주를 마시던 여유롭기 그지없던 젊은 날의 기억은 지금도 흐뭇한 기분에 젖게 한다. 무심히 걷고 있는 보행자들과 대로를 질주하는 자동차, 공장 소음 같은 자동차 소리만 앵앵거리던 기이하고 적막한 거리의 정경들, 그런 장면들 속에 어떤 시간의 공감대가 존재하고 있다. 그런 장소를 이제 와서 굳이 '광장'이라고 부르며 이벤트를 위한 적막한 공터로 새 단장을 해놓았는데, 얼핏 유럽의 광장들처럼 뭐든지 할 수 있을 것 같은 분위기를 자아내지만 실제로는 정해진 것 말고는 할 수 있는 게 없도록 만들어놓았다. 그래서 나는 웬일인지 눈치를 보게 만든 이런 애매모호한 용도의 커다란 공간을 광장이라 부르지 않기로 (그렇다고 다른 이름을 정한 건 아니고) 했다.

광장 같지 않은 광장을 만든 이유라면 불특정 다수가 이용할 수 있는 공간에 대한 관리상의 불안이 그 원인일 것인데, 이용 목적을 관리의 차원에서 제어하려는 분위기가 이미 광장이라 불리기 어려운 이유가 된다. 광장의 원조라 볼 수 있는 유럽의 유명 광장들(가령 베네치아의 산 마르코 광장이나 브뤼셀의 그랑팔라스 광장처럼)을 가보면 그곳에 모인 사람들이 딱히 뭔가 특별한 목적을 갖고 있지 않다는 점이 가장 눈에 띈다. 본디 광장은 길과 길이 만나는 결절이나 중요 시설, 큰 건축물들이 모여 있는 곳에 자연스럽게 형성되어 존재해왔다. 따라서 광장에 모인 사람들은 대개 길을 오가는 사람, 시설에 볼일 보러 온 사람, 누군가를 만나려고 약속 장소에 온 사람들이다. 그런 상황은 평일과 주말을 구별하지 않는다. 광장의 분위기와 사람들의 풍경이 평일이냐 주말이냐에 따라 달라질 이유가 없는 것이다. 여행을 하는 이방인들도 종종 광장을 출발점으로 삼는다. 그들에겐 광장이 낯선 도시에서 길을 잃지 않는 랜드마크가 되고 시작점으로 삼기 좋은 여유의 공간이 된다. 차형이 말한 뭔가 참여하고 싶지 않은 사람들이 각자의 생각 대로 원하는 만큼의 시간을 보내는 것을 가능하게 만드는 분위기, 광장이라면 최소한 그런 여백의 정서가 존재해야 하지 않을까. 아무것도 하지 않을 수 있는 자유란 아마 이런 여백의 정서가 받쳐줘야 가능할 일일 것이다. 그러므로 차형이 지면 핑계로 슬쩍 떠넘긴 광화문 광장의 자유도에 대한 개선 방안은, 현 상태로는 무척 난감할 뿐이라는 말씀을 드릴 수밖에 없겠다. 대략 난감 별 방법 없음. 끝.

　애써 광장을 조성한 관계 당국엔 죄송한 말씀이지만 서울시민들은 대부분 먹고살기 바빠서 걱정하는 것만큼 광장의 자유를 누릴 시간적 여유가 많지 않다. 제대로 만들었다 해도 쓸데없이 광장을 배회하거나 무슨 문제를 일으키거나 할 여력이 없다는 말이다. 그럼에도 불구하고 이렇게 만들어놓은 이유가 뭘까. 하나는 아마도 역사적으로 중요했던 사건마다 시민들이 직접 나서서 문제를 해설했던 정열적인 선례들이 있기 때문은 아닐까 싶다. 결과적으로 광장은 시민들의 권력 행사를 위한 무대 역할을 했다는 점이 중요한 문제일 것 같다. 많은 사람이 모일 수 있는 커다란 공간에 대한 두려움이 관리자의 입장에선 늘 존재할 테니까. 일종의 트라우마라 볼 수 있겠다. 그래서 어떤 사람들의 관점에서는 자동차도로로 둘러싸인 섬 같은 공간을 '광장'이라 부를 수 있는 것이다.

지금이라도 공해에 강한 플라타너스를 광장 곳곳에 심어 좋은 공기를 내뿜는 작은 숲을 만들어주고, 둘러싸인 도로 일부를 지하도로 내려 광장과 세종문화회관, 광장과 대한민국역사박물관, 광장과 경복궁을 보행 공간으로 직접 연결하면 어떨까. 교보빌딩과 연결되는 공간에는 야외 독서를 즐길 수 있는 평상이나 벤치가 있으면 좋을 것 같다. 편히 앉을 곳, 적당한 익명성을 보장받을 수 있는 곳, 더위를 피할 곳, 따뜻한 볕을 쪼일 곳, 사람들이 모일 수 있는 곳, 낮잠을 잘 수 있는 곳, 지나가는 사람을 구경하는 곳 등등 무작정 시간을 흘려보내도 좋을 분위기를 마련할 수 있다면 충분할 것이다. 광장의 풍경이란 그런 작은 분위기들의 모임이니까. 하지만 현재의 광장은 이 도시가 여전히 개인들에게 넓은 자유와 혜택을 누릴 기회를 건네지 못하는 답답한 현실을 보여주는 하나의 사례에 불과해 보인다. 부조리한 현실에 어울릴 만한, 부조리한 광장이랄까.

글을 쓰는 중에 관람한 벤 스틸러(무척이나 좋아하는)의 영화 「월

탑승구 登机口・ゲート Gate 11

터의 상상은 현실이 된다」를 보며 나는 익명의 개인들을 '자유'하게
하는 광장을 상상했다. 그러다가 어찌된 영문인지 우리가 꿈꾸는 광
장의 정서와 일치하는 김포공항의 기묘한 공간들을 떠올렸다. 사람
을 포근하고 운치 있게 품어주는 김포공항의 정경들이 우리의 광장
콤플렉스를 일부나마 해결할 수 있지 않을까 생각했던 것이다. 폐간
된 『라이프』지의 사진 현상 전문가 월터 미티가 오랜 세월 처박혀
일하던 갑갑한 사진 작업실에서 벗어나, 갑자기 무지막지하게 광활
한 공간으로 모험을 떠난다는 영화 줄거리 때문인지도 모르겠지만
말이다.

월터는 컴컴한 은둔의 장소에 갇혀서, 세계 곳곳에서 날아온 지
구에서 가장 스펙터클한 사진들을 세상에 알리는 일을 하고 있다.
그러던 어느 날 갑자기 전설적인 사진작가 숀 오코넬이 보낸 마지
막 필름을 찾아 세상을 누비는 신세가 된다. 월터의 애잔한 여행기
를 따라가며, 잔뜩 움츠러든 그가 호연지기를 얻어 멋진 남자로 거
듭나면 좋겠다고 바랐던 관객이 나 하나는 아니었을 것이다. 여간해
선 가볼 수 없는 지구의 숨겨진 풍경들이 줄지어 이어지는데 왜 그
런 순간에 김포공항 3층의 조금 어둑하고 사막 휴게소 같은 탑승 대
기실이 떠올랐는지 모르겠다. 내가 아는 그 공간은 활주로가 아련하
게 보이고 길게 늘어선 의자에 앉아 설탕이 세 스푼은 들어간 진한
밀크 커피를 마시며 여행을 꿈꾸는 월터 같은 남자들이 있는 곳이
다. 나는 영화를 보며 생각했던 것 같다. 수많은 현실의 월터들은 비
록 멀리 떠나지 못하지만 활주로 너머를 바라보며 아무것도 하지 않

을 자유를 한껏 누리고 있었다는 것을. 필름 하나 찾겠다고 어디 붙어 있는지 감도 안 오는 오지로 날아가 경차를 타고 헬기를 타고 북극 바다에 뛰어드는 월터를 보며, 한물간 공항의 대기실에서 뜨고 내리는 비행기를 보며 늦은 오후의 긴 햇살을 즐기는 익명의 월터들을 마음속으로 헤아려주었다.

한때 잘나갔던 시절을 뒤로하고 인천공항에 자리를 물려준 채 추억의 공간이 되어버린 김포공항은 쉽게 용도 폐기되지 않고 여전히 서브 공항으로서 기능을 하고 있다. 매달 월 납부금과 카드 내역을 계산하며 갑갑한 사무실에서 묵묵히 일상을 살아가는 수많은 월터들의 상상을 현실로 만들어주는 근사한 장소가 우리에게도 있다면 그것은 아마 김포공항(광화문 광장이 아니라)이 아닐까. 그곳에는 아무것도 하지 않아도 될 자유가 있고 나를 숨길 수 있는 넉넉한 빈틈도 있는, 막연한 여행에 대한 설렘과 일상 탈출의 감성이 재회하는 장소다.

몇 해 전 지방의 공사 현장 회의를 위해 아침 일찍 김포공항에 간 적이 있다. 무슨 일인지 일찍 들여보내주는 바람에 몇 명 없는 한가한 탑승 대기실에서 한 시간 넘게 활주로 풍경을 물끄러미 감상했다. 그렇게 시간을 보내다 보니 공항이란 어디론가 떠날 목적이 없는 사람들에게 더 어울리는 공간일지도 모르겠다는 생각이 들었다. 여행지보다 더 여행을 만끽 할 수 있는 곳이랄까. 그때의 탑승 대기실은 떠나고 싶지만 떠날 수 없는 사람들, 혹은 떠날 수 없지만 떠나려는 사람들을 위한 특별 자유 지대가 된다.

영화 속 월터는 실제로는 아무 데도 가지 않았을 것이다. 아이슬란드도 그린란드도 아프가니스탄의 설산도. 그의 모험은 그가 늘 바라보던 사진 속에 펼쳐진 상상 속의 꿈들일 것이다. 활주로가 보이는 어떤 테라스에서 낮잠을 자다 깬 월터의 모습이 마지막 장면이었더라도 좋았겠다.

엔딩 크레디트가 올라가고 자리에 남아 객석의 관객들이 빠져나가는 장면을 바라보는데 공항의 도착 게이트를 빠져나가는 지친 여행자들의 뒷모습과 겹쳤다. 특별한 이유 없이 1년에 한두 번은 김포공항에 놀러간다. 조금 이상하게 들리겠지만 늙은 공항엔 특별히 뭔가 하고 싶지 않은 이들을 위한 삶의 빈틈, 생활의 여유가 있다. 이 글을 읽고 김포공항을 찾을 생각이 든 분들은 이왕이면 지하철을 타고 가시길. 도시의 지하를 통과하는 순간부터 상상의 여행이 시작되니 말이다.

당신들의
광장은

어떤
모습인가요?

광화문 광장II
종로구 세종대로 172

간단히 원고지 10매를 써 젖히다니, 최 소장이 내 글을 오독하고 있는 것 같아 안타깝기 그지없다. 내 입으로 말하기는 뭣 하지만 나로 말할 것 같으면 건축에 대한 진정성 하나로 십수 년을 공간에 대한 상상과 설계에 매진해오는 중이다. 혹시 이 책을 툭툭 털어보면 홀수 쪽 꼭지에서 진정성이 줄줄 흘러나올지도 모른다. 뭐 그렇다고 책을 털어보는 독자분은 없을 거라 믿는다. 앞으로 최 소장이 행간을 좀 더 주의 깊게 읽고 왜 내가 간단히 원고지 10매를 쓰는 것처럼 느끼게 글을 썼는지 그 의도를 이해했으면 하는 바람이다. 혹시 내가 던진 질문이 너무 어려워서 짜증이 난 걸까? 아무튼 앞서 던진 문제가 좀 어려웠는지 이번에도 최 소장은 머리가 복잡해져서 영화관에 가고 말았다.

사실, 광화문 광장에 아무것도 하지 않을 자유의 공간을 심는다는 게 쉬운 문제는 아니다. 이벤트 무대를 만들어놓고 그 위에서는 아무것도 안 해도 된대요, 라고 하면 아니 그걸 왜 만들었어, 라는 짜증 섞인 답이 가장 먼저 돌아올 테니. 그래도 최 소장이라면 근사한 답을 내놓을 거라고 믿었는데 잘 모르겠다며 영화관에 가다니, 거 참.

하지만 기대를 저버리지 않은 것은 최 소장이 고른 영화가 「월터의 상상은 현실이 된다」였다는 점이다. 이 영화를 골랐다는 건 이중적인 의미가 있는데 겉으로는 '머리가 복잡해서'라지만 다른 한편으로는 광화문 광장에 대한 나름의 답을 영화를 통해서 은연중에 제시했기 때문이다. (꿈보다 해몽인가?) 내용은 일단 접어두고 제목을 보자. 「월터의 상상은 현실이 된다」의 원제는 '월터 미티의 비밀스러운 삶The secret life of Walter Mitty'이다. '상상이 현실이 된다'와 '비밀스러운 삶'이 무슨 관계가 있는지는 모르겠지만, 국문 제목에서 암시하는 바, 상상하라 현실이 될 것이다, 라는 것이 결국 최 소장이 말하고 싶었던 게 아니었나 싶다. 다시 말해 최 소장은 광화문 광장 변화의 첫걸음은 상상을 통해서 내딛을 수 있지 않을까 하는 기대 속에 영화를 본 것으로 추정된다.

상상력 하면 흔히 외계 우주인이 지구를 침공해 도시가 박살이 나거나 지구 중심부의 핵이 멈춰 지진이 나서 인류가 몰살 당하거나, 별안간 빙하기가 도래해서 지구의 절반이 꽁꽁 얼어붙는 과대망상을 떠올리기 쉽다. 하지만 상상력이란 간단히 말해 다르게 본다는 것이다. 다른 분야에서도 마찬가지겠지만, '다르게 보기'는 건축에서 특히 중요하다. 사물을 다르게 볼 수만 있다면 평범한 것들에서도 새로운 아이디어를 뽑아낼 수 있다. 하지만 대체로 사람들은 나이가 들어가면서 자기 분야에서 필요 없는 일이라면 손을 놓는 경향이 있어서 다르게 보기 능력이 점점 줄어든다.

다들 그렇겠지만 어릴 때 놀던 놀이터를 우연히 지나치다가 놀이터가 저렇게 작았구나 싶을 때가 있다. 그런데 어릴 때 해가 질 때까지 놀면서 놀이터가 작다거나 놀이기구가 모자라다는 생각을 한 적이 있던가? 노느라 정신이 없어서 그랬을까? 나이가 들어서 놀이터가 작아 보이는 것은 우리 몸집이 커져서 그렇게 느끼는 것일까? 내 생각에 어릴 때 놀던 놀이터가 작게 느껴지는 이유는 단지 몸집이 커졌기 때문만은 아니다. 어릴 때는 풍부한 상상력이 놀이터와 맞물려 작동해서 하나의 공간이 여러 개의 공간으로 지각된다. 미끄럼틀이 커다란 배가 되어 거기에 올라탄 친구들과 항해를 떠나기도 하고 때로는 우주를 항해하는 우주선이 되기도 한다. 또 정글짐은 마왕에게 잡힌 공주가 갇힌 성이거나 아마존의 우거진 숲이 되기도 한다. 우리는 생각하는 방식에 따라 사물이 다르게 변하는 시절을 지나왔다. 하지만 성인이 되니 놀이터는 그저 미끄럼틀과 그네와 시소가 있는 작은 공간으로 인식되고 거기서 그친다. 결국 어린 시절 놀던 놀이터가 왜소해 보이는 것은 우리의 상상력이 고갈되었음을 의미하는 것일 수도 있다.

이를 광화문 광장에 적용해 보면, 광장을 변화시키기 위해서는 물리적인 공간의 확장이나 나무, 벤치 등의 구조체를 들이는 게 아니라, 광장 자체를 다르게 볼 수 있는 상상력이 필요하다는 결론을 내릴 수 있다. 여기가 시작점이 될 수 있다.

이런 생각을 하던 어느 날 신문 기사 하나가 눈에 들어왔다. 신문 기사에 따르면 열여섯 살 고등학생 저스틴 카스케호가 9.11테러로 무너진 월드트레이드센터자리에 다시 건설되는 원월드트레이드센터 One World Trade Center 꼭대기에 올라가 인증샷을 찍었다고 한다. 뜬금없이 이 기사를 언급하는 이유는 공교롭게도 무너진 월드트레이드센터에서 40년 전 준공 직전에도 똑같은 일이 벌어진 적이 있었다는 사실이 떠올라서였다.

광화문 광장비
by Cha

1974년 당시 월드트레이드센터를 불법으로 점유했던 이는 아티스트를 자처하는 한 사내였다. 그는 특별한 퍼포먼스를 통해 도시를 한순간에 다른 공간으로 변화시킬 수 있음을 보여주었다. 물론 본인들 스스로가 뉴욕을 바꿔봐야지 하는 상상을 했는지는 잘 모르겠다. 아무튼 1974년 8월 7일 아침 6시 45분 뉴욕 맨해튼에서 아주 특별한 일이 벌어졌다.

제임스는 평상시와는 다르게 조금 일찍 출근길 지하철역을 빠져나왔다. 그런데 어딘가 모르게 평소 아침과 달랐다. 사람들이 바쁜 걸음을 멈추고 이마에 손을 올린 채 하늘을 올려다보는 게 아닌가. 도대체 저 위에 뭐가 있지? 제임스도 하늘을 바라왔다. 완공을 앞 둔 월드트레이드센터 쌍둥이 빌딩의 꼭대기가 아스라하게 보였다. 이어서 세계 최고 높이로 지어진다는 두 빌딩 사이에 놓인 가느다란 줄과 그 위에 아슬아슬하게 놓인 물체가 보였다. 잠시 후 검은 물체가 움직이기 시작했다. 사람이다! 누군가가 400미터 하늘 위를 걷고 있었다. '오 마이 갓' 그의 입에서 나지막한 비명이 흘러나왔다. 도대체 무슨 일이 벌어지는 거지? 여기는 맨해튼 한복판인데 저기에 왜 줄이 걸려 있는 거야? 저 사람은 자살이라도 하려는 건가?

그날 아침 사람들의 비명 속에서 400미터 높이의 하늘을 걷던 사람은 고공 줄타기 전문가 필리프 프티였다. 그는 건물주의 허가를 얻은 것도 아니고 시에서 협찬을 받은 것도 아닌데 완공을 앞둔 세계무역센터 빌딩에 숨어들어 남측 빌딩과 북측 빌딩 사이에 줄을 매고 하늘 위를 걸었다. 무려 7년간의 준비 끝에 역사적인 줄타기를 시도한 것이다. 한 시간의 퍼포먼스가 끝나고 그는 경찰에 붙들려 연행되었다. 다음 날 조간신문들은 닉슨 대통령의 사임 보도를 제치고 이 이야기를 1면 톱기사로 다뤘다. (자세한 이야기를 알고 싶은 분은 책『나는 구름 위를 걷는다』나 영화「맨 온 와이어」를 보시길.)

이후 사람들은 이구동성으로 목숨을 건 예술적 범죄라며 줄을 탔다는 사건 자체에 주목했지만 나는 이 이야기를 다룬 책을 읽어나가면서 도시가 어느 순간 줄타기의 공간, 서커스 무대, 놀이터로도 변할 수 있구나 싶었다. 그가 월드트레이드센터에 줄을 매기 전까지 아무도 고층 빌딩이 줄타기의 공간이 될 수 있다는 상상을 하지 않았을 것이다. 하지만 그는 공연 의상까지 꼼꼼히 체크해가며 (안타깝게도 줄타기 직전에 옷을 갈아입으려다가 의상이 바람에 날아갔다고 하는데, 폼 나게 옷을 입었다고 해도 400미터 아래에서 제대로 보였을지는 미지수다) 단 한 번의 공연으로 자본주의의 상징인 월드트레이드센터를 한 순간에 줄타기 기둥으로 바꿔버린 것이다. 비단 필리프 프티만이 아니다. 스파이더맨에게 맨해튼의 빌딩 숲은 거미줄이 걸리는 나뭇가지이며 소피 칼에게 뉴욕의 어느 전화 부스는 커뮤니티 공간으로 읽혔다. (그러고 보니 다들 뉴욕이네, 뉴욕에 가면 상상력이 마구 뿜어져 나오기라도 하는 건가?)

광화문 광장은 개장 직후인 2009년 겨울, 모 시장님의 서울 세계

광화문 광장II
by Cha

화 브랜드 전략의 일환으로 어렴풋이 스스로 다르게 읽힐 가능성을 보여준 적이 있다. 일명 광화문 스노보드 대회, '빅에어'가 그것이다. 광화문에 거대한 스노우보드 점프대가 설치되고 선수들이 하늘을 붕붕 날아다니던 광경. 저러다 하늘로 사라지는 건 아닌지 벌어진 입을 다물 수 없었다. 하지만 엄숙한 국가 상징 거리에 금이 갔다며 이 상상력의 실현은 맹비난을 받았다. 개인의 정치적 업적을 홍보하는 행사장, 협찬 기업의 광고판, 행사 후 인공눈을 아무 데나 갖다버려 오염된 환경, 결국 자본이 투여되지 않고서는 변할 수 있는 건 아무것도 없다는 선언 같은 행사가 되어서 '광장 다르게 보기'를 한층 더 어렵게 만들어버린 결과를 낳았다.

그러면 이제 다시 제자리로 돌아와 광화문 광장을 다르게 보는 방법은 없는 것일까 하는 질문을 마주하게 된다. 그런데 멋진 아이디어는 안 떠오르고, 이렇게 어려운 문제라면 내지 말걸 그랬나 후회도 되고, 머리 아프다고 영화관에 간 최 소장도 이해가 간다. 역시 뉴욕에 가야만 하는 걸까? 하지만 갈 수가 없으니 생각이나 정리할 겸 새벽 출근길에 광화문 거리를 걸었다. 희미한 아침빛에 인적 드문 광장을 지나니 옛 기억이 새록새록 떠오른다. 불심 검문을 받던 광화문 공원을 지나, 한가하게 발을 올려놓고 까딱대던 테라스와 세종문화회관 계단을 지나, 흰 눈에 덮여가던 사거리를 지나 한참을 걸었다. 그러다 문득 그 시간을 함께했던 후배들과 벗들은 다들 어찌 지내는지 궁금해졌고 광화문 주변 내 추억의 장소에 그 혹은 그녀에게 띄우는 편지를 남기면 어떨까 하는 생각이 들더라. 이른바 '광화문은 우체통이야' 프로젝트(실은 소피 칼의 뉴욕 이야기에서 힌트를 얻었습니다). 꼬깃꼬깃 접은 편지를 아주 작은 유리 캡슐에 넣고 세종문화회관 계단 틈이나, 기둥의 벌어진 돌 사이에 심어두면 젊은 시절 타임킬러이자 나와 같은 동선을 걸었던 사람들이 옛 추억에 젖어 광화문 거리를 걷다가 우연히 발견하고 답신이라도 보내지 않을까. 그러면 나중에 따로 만나 광화문 종로빈대떡에서 막걸리에 빈대떡 한 접시 하면서 이문세의「광화문 연가」나 불러야지. 그러니 부디 청소하시는 분이 먼저 발견하고 '쓰레기는 쓰레기통에'라는 메일만은 보내지 말았으면.

느린 도시의
즐거움

국립현대미술관 서울관
종로구 삼청로 30

광화문 광장 후속편을 읽다가, 라임을 맞추는 분위기인가 싶어 나역시 김포공항 2편으로 가야 하나 잠깐 고민했다. 하지만 이렇게 나가다간 그럭저럭 잘 이어온 그간의 릴레이가 급기야는 미궁 속으로 빠져들게 빤해 보인다. 3편, 4편, 5편으로 가다가 결국 광화문과 김포공항에 대한 고찰이 되고 말지도 모를 일이다. 그 이야기의 끝엔 광장이 드디어 경비행기가 이착륙하는 간이 공항 같은 장소가 되는 말 같지도 않은 이야기(라고는 하지만 막상 그런 장면이 실현된다면 그야말로 세계적 이슈가 될 것 같긴 하다)가 안 나오라는 법이 있나.

하긴 누구든 어떤 장소 혹은 어떤 공간에 대해 별난 애정을 보이기 마련이다. 그러니 차형의 광화문 '연가'를 두고 뭐라 할 수도 없는 노릇이다. 게다가 글 마무리에 쓴 타임캡슐 이야기를 읽으면서는 왠지 가슴이 뭉클하면서 '이 남자 참……' 할 수밖에 없는 심정이었다고 할까. 과거와 현재를 오가는 SF멜로(새로운 장르인 듯) 소설의 한 대목 같은 느낌이 든다. 지금의 세종로는 특정한 시간성을 거부하는, 과거도 아니고 현재도 아닌 이상한 공간이 되었는데, 그것이 어떤 거대한 판타지 무대 같다는 생각을 종종 한다.

차형의 타임캡슐 아이디어 너머로 언뜻 그려봤던 상상은 모두가 깊이 잠든 밤, 바닥에 깔린 돌 한 판 한 판이 이 장소를 지나친 수많은 과거 인연들 개개인의 이야기를 투사하는 모니터로 변하는 만화 같은 장면이었다. 실제로 짙은 새벽 세종로는 차라리 그런 일이 벌어지는 게 덜 이상하다 싶을 만큼 적막에 휩싸인 생경한 공간이 되어버리기도 하지만.

그러고 보니 10여 년 전 서울시청 앞 광장 공모에서 당선작으로 뽑혔던 건축가 서현의 작품이 이런 상상과 비슷했던 것 같다. 폐 모니터 수천 개를 유리바닥 밑에 깔아서 전원을 연결하면 낡은 화면에 비치는 영상들이 현재의 도시 공간과 겹치면서 스펙터클한 풍경을 만드는 아이디어였다. 기억이 가물가물하지만 보기 드물게 근사했던 이 폐 모니터 재활용 광장 아이디어는 펼쳐보지도 못하고 갑자기 무슨 이유에서인지 전면 백지화되어 지금의 잔디밭 광장으로 바뀌었다. 변덕이 부른 참으로 어이없는 사건이었다고 할 밖에. 잔디밭과 폐 모니터 광장 사이의 개념적 거리만큼 이 도시의 일상과 놀이의 동상이몽 역시 조금씩 커져온 게 아닐는지. 광화문 광장은 뭐 더 말할 필요도 없을 테고.

그나저나 광장 이야기를 계속 이어가다 보니, 우리에게 광장이라는 공공의 장소가 갖는 의미가 무엇인지 잘 모르겠다. 과연 공공의 편리를 위해 필요하긴 한 건지, 어쩌면 아직 우리 사회의 속도와 가치기준과는 영 동떨어진 공간일지도 모른다는 생각마저 하게 된다. 진짜 놀이를 권할 생각이 별로 없는 어른들이 만들어놓은 뻔하고 지루한 어린이 놀이터처럼. 공간이 먼저 변하면 세상도 변할 텐데. 생각을 깨우려면 몸부터 깨우라고 했고.

"단도직입적으로 말해 느린 사람들은 평판이 좋지 못하다."

피에르 쌍소의 『느리게 산다는 것의 의미』(동문선, 2000)라는 책의 첫 문장이다. 얼핏 느린 사람들을 비판하려는 책이 아닌가 싶겠지만 실은 느린 삶의 아름다움을 예찬한 낭만적인 책이다. 국내에 초판이 나온 해가 2000년이니 벌써 14년 전인데 당시 새로운 밀레니엄이 시작되는 잔뜩 들뜨고 마음 바쁜 분위기에 다리를 걸 듯, 느림을 이야기하는 이 책이 베스트셀러가 된 것은 조금은 신기한 일이다. 아마도 빠른 사람 콤플렉스에 시달리던 느린 사람들에게 열렬한 지지를 받았던 것이리라. 나로 말하자면, 그때나 지금이나 느린 사람은 아니지만 느림을 지지하고 있다. 덧붙이자면 빠르게 살면서 언제나 이건 좀 아닌데 반성하는 부류랄까. 어려운 일이지만 일상생활을 통해 작지만 지속 가능한 느림을 추구하려는 편이다.

5년 전부터 시작한 달리기는 그런 맥락에서 추구한 '느림의 시도'다. 무라카미 하루키의 에세이 『달리기를 말할 때 내가 하고 싶은 이야기』를 재밌게 읽은 후 무작정 달리기 시작한 사람이 나 하나는 아니겠지만, 어쨌든 마라톤을 통해 글쓰기를 구축한다는 하루키의 멋진 인생론 덕분에 달리기 시작했고, 느림의 의미를 아주 조금은 알게 되었고, 해마다 공식 마라톤 대회에 몇 차례씩 출전하기도 한다. 애초 목표였던 풀코스 도전은 여전히 어림도 없지만 하프 코스 정도는 그럭저럭 달릴 수 있는 수준의 러너가 된 것만으로 스스로 무척 기특한 일이다.

달리기, 그중에서도 10킬로미터 이상의 장거리를 달린다는 것은 흔히 생각하는 달리기와는 조금 다른 의미가 있다. 기록 단축을 목표로 하는 프로들이나 마니아 수준의 아마추어라면 입장이 다르겠지만 느림의 섭취를 위해 달리는 나 같은 한심한 러너 입장에서는 달린다는 운동의 의미보다는 평소 지각하지 못하는 어떤 장소와 거리를 실제로 체험한다는 의미가 있다. 피에르 쌍소가 같은 책에서 "슬로비디오적인 느린 움직임은 빠른 속도의 움직임과는 다른 차원의 우아한 미덕을 갖추고 있다"라고 했듯, 장거리 달리기의 '느린 움직임'을 통해 평소 부족했던 삶의 행태들을 보완해 나가고 무뎌지는 중요 감각들을 되살리는 치유 과정으로 볼 수도 있는 것이다.

달린다는 단순한 느낌에서 몸으로 체험한다는 느낌으로 넘어가게 되면 호흡은 편안한 상태가 되고 몸을 의도적으로 움직이지 않고도 몸이 자동적으로 리듬에 반응해 저절로 앞으로 나아가는 상태에 이른다. 나와 주변 공간이 일체감에 돌입하는 순간, 풍경들은 점점 더 느리게 지나가고 건물과 사람 들, 바람과 소음은 또렷하게 눈, 코, 피부, 귀에 감지되면서 러너의 몸을 깨운다. 곧이어 몸 여기저기서 에너지볼이 터지는 느낌이 전해진다. 이것을 '러너스 하이'라고 부르는 것일 테지. 그런 의미로 보면 나의 러너스 하이는 느림의 정점을 지칭하는 말이기도 하다.

달리기 호흡을 예로 들면 도시의 건축물들은 최고 속도로 몸을 움직여 기록을 단축해야 하는 단거리 주자들 같다. 돈과 면적, 그리고 욕망, 요소들의 불가분의 관계에 따라 건축의 호흡은 점점 빨라지고 빠른 만큼 많은 것이 생략되며 거기에는 사람도 종종 사라지고 만다. 사람을 배경으로 놓는 공간들은 장소가 담아야 할 진심을 온전히 품지 못한 채 유행 따라 왔다 갔다 하다 결국 시시한 건축으로 남는 것이다.

그런 의미에서 경복궁 옆 소격동 옛 기무사 터에 자리한 국립현대미술관 서울관은 '빠르게 살더라도 느림을 지지하는' 나 같은 사람들에겐 장거리 달리기의 실감을 재현하는 흥미로운 장소다.

실제 미술관은 작은 규모가 아니다. 연면적 5만2,000평방미터의 넓은 공간에 대지 전체에 걸친 넓고 깊은 지하 3층 공간으로 구성되어 있다. 지상으로 높이 세우는 형태였다면 만만치 않은 크기의 건물이 되었을 것이다. 역설적이지만 지하로 들어가면서 남은 지상의 빈 외부 공간들은 이 미술관을 특징 짓는 대표적인 풍경이 되었다. 그럴듯한 집의 입면은 뒤로 물러났지만 대신 사람들의 정경이 그 자리를 채웠고, 그 결과 건물의 힘은 느껴지지 않지만 장소의 힘은 만만치 않다. 으스대는 건물이 아니라 사람들이 좋아할 만한 장소를 만들고 싶었던 까닭이겠다.

미술관은 정면이 따로 없다. 모든 면이 정면일 수도 있고 아닐 수도 있다. 사람들은 미술관 주변의 열린 공간 어디서든 미술관으로 들어온다. 우리가 흔히 보던 완결된 형태의 건축물이 아니다 보니 처음 온 사람들은 미술관을 코앞에 두고도 '어디가 미술관이지?' 할지도 모른다. 하지만 주변 도로와 담이나 틀 없이 활짝 열린 집의 얼개가 관람객들을 자연스레 끌어들이고 공간적 한계를 지우며 미술관 영역을 도시로 넓힌다. 도시의 일부가 곧 미술관이 되는 것이다.

이런 장소가 진정한 놀이의 공간이 아닐까. 형태가 한눈에 들어오지 않고 공간의 경계가 모호하고 규정된 틀이 없어서 남은 부분

들을 통해 상상력을 펼칠 수 있는 장소를 우리는 '놀이터'라고 불렀던 것 같다. 놀이터가 되고 싶은 헐렁한 미술관이라. 어릴 적 친구들을 불러 오랜만에 숨바꼭질이라도 한판 벌여보고 싶어지는 공간이다.

미술관이 입지한 땅은 과거 조선 왕실 사무를 총괄하는 종친부가 있던 자리고, 일제 때는 군사시설이 있었다. 해방 후에는 국군통합병원이 있다가 1970년대 이후 보안사령부와 기무사령부가 도시의 고립된 섬처럼 높은 담을 치고 지역 풍경을 지배했었다. 역사적으로 변화가 많았던 사연 깊은 땅이다. 설계자 입장에서는 집을 짓기 전에 땅의 의미가 무거웠을 것이다.

전면 기무사령부 벽돌 건물(등록문화재 375호)과 후면 종친부(서울시 유형문화재 9호) 건물을 남긴 채 여러 개의 마당으로 여유로운 지상 공간을 만들고, 건물은 최소한의 존재감만 갖도록 가급적 저층의 건물 군으로 배치했다. 사람들은 미술관에 볼일이 없어도 땅을 가로질러 북촌이나 계동으로 흘러가고 경복궁으로 향한다. 건물을 쪼개고 축소시켜 새로운 장소의 의미를 갖게 되었으니 빠른 건물들만 가득한 이 도시에선 보기 드물게 느림의 정서를 갖춘 공공 공간이 될 수 있었다. 대지 위의 빈 풍경 속에서 사람들은 각자의 속도와 리듬과 감각을 조율할 여지를 갖게 된 것이다.

어린 딸을 데리고 미술관을 산책해보니 아이는 안보다 바깥을 더 좋아한다. 이해하기 어려운 예술 작품이 아직 버겁기도 하겠지만 아이에겐 바깥 풍경이 더 시원하고 길과 잔디밭, 넓은 마당이 어우러진 공간이 더 흥미로운 모양이다. 아마 놀이공간이나 공원쯤으로 여기는 것 같다. 아파트에서만 살아온 아이는 밖에 나가는 것 자체를 좋아한다. 경험하지 못한 다양한 바깥 체험은 아이의 한정된 일상을 풀어주고 속도를 늦추며 시선을 환기하고 다른 생각을 갖게 해줄 것이다. 장거리 달리기처럼 느리게 움직여야 느낄 수 있는 장소의 감각들, 평소 빠르게 살면서 느림을 지지하는 어른(과 그의 아이)이라면 마음에 흡족할 미술관이다.

갈등의
공간

선유도 공원
영등포구 선유로 343

빠르게 살면서 느림을 지향하는 인생을 살아가는 최 소장 덕분에 잠깐이나마 지난 한 주 내가 어떻게 살고 있는지 되돌아보는 시간을 가졌다. 월요일 아침에 회사에 가기 싫으면서 억지로 일어났고, 버스를 타면서 지하철을 탈까 잠시 고민했고, 자리에 앉아 눈을 감으면서 책을 읽어야 하는데 어떡하지 하면서 졸다가, 점심에는 배가 부른데도 김치찌개 때문에 밥 한 공기를 더 먹었고, 도면을 이면지에다 출력하면서 새 종이에다 할걸 그랬나 싶었고, 술은 잘 못하면서 술자리를 두 번이나 가졌고, 그 자리에서는 삼겹살을 먹으면서 마음으로 등심을 지향했고, 집에 와서 이러면 안 되는데 하면서도 라면을 끓여 먹었고, 잠이 오는데도 미드는 끝까지 봤다.

돌아보니 한 주 동안 왜 그랬나 싶은 일들이 많다. 그래도 내 삶의 일부분이니 나름대로 정리를 해보자면 지난 1주일은 갈등 속에 살면서 후회를 최소화하는 인생을 지향했다고나 할까. 아니, 후회할 줄 알면서 저지르는 인생을 산 건가. 아무튼, 행복해지기 위해 애쓴 1주일이라기보다 덜 불행해지기 위해 발버둥친 1주일이다. 최선보다 차악을 선택한다는 게 선거 때나 떠도는 정치권 용어인줄 알았는데, 소소한 내 일상이 이렇게 될 줄은 정말 몰랐다. 아! 이렇게 사는 게 맞는 건가요?

그에 비하면 200년 전 제러미 벤담은 참 용감하게 산 것 같다. 공리주의였던가? 살면서 행복의 증진을 최대 가치로 주장했다니 말이다. 요즘에도 이런 사람이 없지는 않겠지만, 사회에 이슈를 던질 만큼 설득력 있는 언어로 이를 주장하는 이는 드물다. 그러니 200년이 지난 지금 소소한 일상에서조차 행복의 최대치는 고사하고 후회의 최소치를 지향하게 된 것은 대체 어떤 이유 때문일까 하는 질문을 던지지 않을 수 없다. 200년을 살아보니 "행복을 최대로 추구하는 것은 어차피 불가능한 일이더군요"가 된 걸까 아니면 "예전에는 최대한의 행복 추구가 가능했는데 요즘은 불가능해진 것 같군요"가 된 걸까? 그것도 아니면 다들 최대한 행복하게 사는데 나만 이런 질문을 던지고 있는 것일까?

혹자는 개인의 부족함을 사회나 시대 탓으로 돌린다고 나무랄지 모르나. 얼마 전에 읽은 『서울을 떠나는 사람들』이라는 책을 보니 이런 현상이 나라는 개인에 머무는 것만은 아니더라. 특히 책 속에서 지방으로 내려가 출판사와 설계사무소를 시작한 이의 이야기가 나오는데 그 대목에서 가장 기억에 남는 건 '서울독'이라는 단어다. 서울독이라니. '서울 독'도 아니고 '서울독'이라고 붙여 써서 고유명사화했다. 고유명사는 특별한 현상이나 사물을 지칭한다. 그러면 서울에는 독스러운 뭔가가 있다는 얘기다. 여기서 그게 뭘까, 라는 질문은 바보스러우니 하지 말자. 말하기도 뭣하지만 서울독은 OECD 국가 중 연평균 노동시간 1위, 산재사망 1위, 빈부격차 3위, 자살률 1위의 국가 수도가 가질 수밖에 없는 삶의 환경이다. 너나 나나 어떻게 하면 행복해질까보다 어떻게 해야 덜 불행해질까를 고민하게 하는 그런 삶의 조건 말이다. 책에서 저자는 서울을 떠나 통영에 정착하면서 독을 뺐다는데, 그럼 나는?

통영에 있는 내 모습을 상상했다. 아침에 일어나서 창문을 열며

"거 참 바닷바람이 시원하구먼" 하며 남해안 다도해 사이로 반짝이는 푸른 바다를 보고, 저녁에는 싱싱한 해산물로 만든 얼큰한 해물탕을 먹고, 밤바다 위로 반짝이는 별들을 보면서 잠드는 모습. '이야~ 이거 괜찮은데' 싶다가 퍼뜩 깨어보니 앞에는 반짝거리는 별빛 대신 모니터에 커서만 반짝이더라. 화면에는 이렇게 쓰여 있다.

'언젠가는 그러나 지금은……'

사는 것은 갈등의 연속이다. 할 수 있는 것과 하지 못하는 것. 해야 하는 것과 하고 싶은 것, 현재와 미래, 현실과 이상, 나와 너 사이에서 우리는 주기적으로 흔들린다. 서울을 떠나 환한 바다를 보고 싶고 좀 더 느리게 살고 싶은 욕망은 일상이라는 현실 앞에서 다시 현재로 돌아왔다가 어느새 미래를 더듬는다. 그러니 도시에 산다는 것은 갈등의 진자 운동 폭을 조절하고 몸과 마음이 따로 노는 유체이탈을 잡아주는 일일 수도 있다. 허다한 갈등 사이에서, 단지 빠르거나 느린 편을 드는 게 아니라. 빠름과 느림 같은 갈등이 해소할 수 없는 차이로 벌어지지 않게 만지는 일. 우리는 매일 이러고 사는 중이다.

사는 얘기를 하다 보니 문득 건축이 삶을 담는 그릇이라면 건축 공간 역시 의식적으로 또는 무의식적으로 허다한 삶의 갈등을 조절, 완화, 때로는 증폭시키는 공간적 장치를 품고 있을 것이라는 생각이 든다. 목적은 여러 가지가 있을 수 있다. 예를 들면,

1. A라는 사람이 B라는 사람 또는 사물과 갈등 관계에 있을 때, A가 의식적으로 공간을 조절하면서 B와의 관계에서 우위를 점하거나 갈등을 해소하고자 하는 경우.

– 『길들이는 건축 길들여진 인간』이라는 책에 따르면 경복궁이 그렇다. 경복궁은 조선의 법궁으로서 절대 왕권의 공간인 것 같지만, 실은 임금, 외척, 신하들의 권력관계가 복잡하게 얽힌 곳이었다. 따라서 각 집단 간의 갈등이 없을 수 없었다. 이중 군신 관계만 보면 신하들은 의정부서사제와 경연 등 주로 제도를 통해서 왕의 권력 독점에 저항했으며, 임금은 왕궁의 주인으로서 제도와 직접적인 공간의 배치를 통해서 자신의 권력을 행사했다.

책에서는 신하들이 머물던 궐내각사에서 임금을 알현하기 위해 가는 근정전까지의 중간 과정 동안 서서히 궁궐의 압도적인 모습을 드러내는 건물 배치로 왕권의 강력함을 신하들에게 과시하도록 공간을 만들었다고 한다. 그러니까 군신 간의 권력을 향한 갈등을 왕의 입장에서 조정해보려는 공간이라고 할 수 있는데, 대체로 왕권이 허약했던 조선 역사를 보면 기가 센 조선 유학자들에게 이 방식은 제대로 안 통한 듯하다.

2. 옛 건물을 리모델링할 때 기존 건물의 흔적을 그대로 드러내며 현재 새로 들어서는 것과 충격적으로 만나게 하고자 하는 경우.

– 앞서 얘기한 온그라운드 스튜디오가 이 예로 적당하다.

3. 한 집단이 스스로 다른 집단과 구별 짓고자 하는 경우.

− 낙후된 지역 내 일부 블록이 재건축을 시행하는 경우 개발 후 부
동산 가치의 하락을 막기 위해서 섬처럼 주변과의 관계를 단절하
는 벽을 세우곤 한다.

우리 시대에는 워낙 다양한 주체들의 욕망이 공존하는지라 이들
이 부딪히는 갈등의 양상이 공간으로 표출되지 않을 수 없다. 크게
는 신 행정수도를 둘러싼 국가 차원에서 논쟁이 벌어지고 도시 재개
발 구역에서는 계층 짓기나 젠트리피케이션gentrification을 통해서 공
간을 구획해 다른 집단의 접근을 차단하기도 하며 작게는 이질적인
프로그램들 간의 충돌이 갈등을 일으키고 조망권과 일조권이 이슈
가 되며 더욱 작게는 아랫집과 윗집 간에 층간 소음을 두고 싸움이
벌어진다. 다시 말해 공간은 언제나 갈등한다.

이렇게 말하고 나니 세상 모든 공간을 싸움터로 보는 회의주의자
가 되어버렸나 싶어 자못 걱정스럽다. 어딜 가나 갈등의 요소가 눈
에 먼저 들어오니 말이다. 얼마 전 찾아간 선유도 공원에서도 마찬
가지다.

2002년 개장한 선유도 공원은 옛 정수장을 리노베이션해 만든
생태공원이다. 옛 건물을 활용할 때 주로 사용되는 방식이 옛것의
표면에 새로운 마감을 입혀 새로 짓는 건물과 별 차이 없어 보이게
하는 것이다. 나름 조화라면 조화랄까. 이질적인 면이 보이지 않으
니 이게 옛 건물을 재활용한 것인지 새로 신축한 건물인지 알 수가

없다. 갈등의 요소를 숨겨 억지로 공간을 화해시키는 것이다.

하지만 선유도 공원은 조금 다르다. 조화보다는 갈등을 극적으로 밀어붙이는 방향을 택했다. 공원에 도착하면 가장 먼저 눈에 띄는 게 회색의 거친 콘크리트다. 지하 공간을 덮었던 지상의 슬래브를 덜어내면서 부재部材들을 거칠게 절단하여, 잘려 나간 흔적들을 그대로 드러냈다. 깨진 콘크리트의 울퉁불퉁한 면이나 휘어진 철골들이 보인다. 의도적으로 치장하지 않겠다, 정말 필요한 것 외에는 손대지 않겠다는 건축가의 선언이다. 재미있는 것은 이 거친 콘크리트 면들이 기존 정수장의 수평, 수직의 기하학적인 선들을 만들고 있다는 점이다. 그러니까 먹을 조금만 묻힌 거친 붓으로 그어놓은 직선들을 보는 기분이랄까.

그리고 건축가는 콘크리트 위로 녹색의 식물들을 가져와 둘을 대비시킨다. 방문자는 콘크리트 기둥이 도열한 광장에서 회색과 녹색의 갈등이 어떻게 만나 새로운 의미를 만드는지 볼 수 있다. 이곳의 기둥 역시 철근이 튀어나온 콘크리트 덩어리인데 담쟁이넝쿨이 이를 감싸면서 자라고 있다. 벌써 10년이 훌쩍 넘은지라 담쟁이 줄기는 어른 새끼손가락만큼 굵게 자랐다. 그러나 이 둘은 그 시간 동안 전혀 타협하지 않았다. 콘크리트 기둥은 기둥대로, 담쟁이넝쿨은 넝쿨대로 자기 목소리를 내고 있다. 그래서 나무처럼 보이지도 않고 잘려나간 콘크리트 기둥처럼 보이지도 않는다. 마치 콘크리트 나무에서 가지가 자라고 있는 제3의 생명체가 된 것 같다. 어쩌면 건축가는 도시 속 생태공원이란 도시라는 콘크리트 문명이 자연을 만날 때 자연환경도 인조환경도 아닌 제3의 공간이 될 것이다, 라는 말을 하고 싶었던 게 아닐까?

선유도 생태공원을 성공적이라고 평가한다면 갈등을 조화롭게 다듬어 무난하면서 익숙하게 공간을 재활용했다는 측면보다는 갈등의 요소를 그대로 충돌시켜 새로운 의미를 생성했다는 점을 높이 샀기 때문이리라. 물론, 그 의미가 도시 생태공원이라는 프로그램에 잘 어울려서이기도 하고. 그러면 역시 손쉬운 화해보다 진지한 갈등이 공간에서는 한 수 위라고 말할 수 있을까?

추억과
우주선

동대문디자인플라자
중구 을지로 281

선유도 공원, 내겐 이름만으로도 기분이 좋아지는 지명이다. 앞서 펴낸 두 권의 책에서 조금 다른 내용으로 이미 선유도에 대한 글을 쓴 바 있고, 다시 쓰라고 해도 얼마든지 다른 이야기로 풀어낼 수 있는 근사한 공간이다.

겸재 정선의 진경산수화 연작 '한양 진경' 중 「선유봉」(영조18년, 1742)이라는 그림이 있다. 선유도는 원래 해발 40미터의 작은 봉우리로 된 섬으로 30여 가구가 경작을 하며 사는 마을이었다. 선유仙遊는 신선이 논다는 뜻이다. 그래서 선유도 하면 그 이름만으로도 신선이 된 듯 사뿐한 기분이 드나 보다.

차형이 선유도 공원을 돌아다니다 마지막에 만났다는 담쟁이 기둥들이 도열한 광장은 '녹색 기둥의 정원'이다. 1978년 건립 이후 사용되었던 제1정수지의 슬래브 상판을 털어내어 기둥만 남겨둔 곳으로, 과거에는 물을 담아두었던 콘크리트 수조였다.

지금의 장소가 예전에 어떤 용도로 쓰였는지 알고 나면 조금 다른 느낌으로 이 공간을 받아들이게 된다. 과거의 공간과 현재의 공간을 동시에 경험함으로써 시간의 현재성을 실감할 수 있기 때문이다. 이런 식의 공감각적 일체감은 역사 깊은 도시의 오래된 장소들이 갖고 있는 특별한 감동을 그곳을 방문한 사람들에게 전달해준다.

시간을 담았다고 하면 이게 무슨 소리인가 싶겠지만 가보면 알 것이다. 왜 그렇게 설명할 수밖에 없는지. '녹색 기둥의 정원'과 맞닿아 있는 수생식물의 천국 '시간의 정원'은 앞으로 우리 도시가 남겨야 할 유산이 어떤 공간이어야 하는지 힌트를 던지고 있다. 정수지를 다 밀어버리고 새 건물을 짓고, 남는 땅에 흔한 방식의 공개 공원을 만들었더라면 어땠을까. 매끈하게 마감된 석재 바닥 포장 산책길에 벤치 몇 개, 산책길 중앙에는 아이들이 좋아하는 분수, 인공적으로 조성된 화단과 도시 매연에 강한 수종으로 이루어진 작은 숲, 방문객들을 위한 휴게실, 카페, 놀이방 등이 있었을 것이다. 그런 공간이었다면 지금보다 의미 있고 시민에게 더 사랑받는 공공 공간이 되었을까. 임기 얼마 안 남은 해당 지자체장에게는 빠른 시간에 쉽게 만들 수 있는 실적이 되었을지 모르겠지만 시민들에게는 있어도 그만 없어도 그만의 의미밖에는 남지 않았을 것이다.

선유도 공원 말고도 서울에는 30~40년 전에 건축된 콘크리트 유적들이 꽤 많다. 건물을 유적으로 칭해도 되는 건지 잘 모르겠지만 그런 세월 먹은 건물들을 밀어버리고 새것으로 갈아 끼우는 것만이 능사가 아니라는 점에 대해서는 한 번쯤 생각해볼 일이다.

동대문운동장 터에 새롭게 개관한 거대 랜드마크를 알고 계시는지. 태어나서 처음 동대문을 가본 딸은 동대문이 대체 어디냐고 물었다. 그래서 내가 "여기가 동대문이야"라고 답하자, 딸은 "아니 그게 아니라, 대문이 어딨냐고" 하고 재차 물었다. 진짜 궁금해하는 아이의 표정을 보고 그제야 손으로 대충 어딘가를 가리키며 "저기 있어" 하고 넘어가보려 했는데, 딸아이는 지지 않고 "직접 보고 싶다"라고 했다. 어쩔 수 없이 동대문을 보러 갔다. 신호등 두 개를 지나 청계천을 건너 문 앞에 도착하니 "왜 문을 지나갈 수 없지?" 하고 묻는 딸. 나도 궁금하긴 했지만 그저 "옛날엔 성의 안과 밖을 지나다니는 문이었는데 지금은 성도 사라지고 문도 쓰지 않아서 그런 것 같아"라고 대충 얼버무렸다. 딸은 고개를 끄덕이며 다소 실망한 듯한 표정을 짓다가 저 멀리 뭔가를 발견하고는 "근데 저 큰 우주선('같이 생긴 것'도 아니고 '우주선'이라고 했다)은 왜 만든 거야?"란다. 음. 그러게 말이다. 저 큰 우주선 같은 집에 대해서는 나도 참 궁금하거든. 동대문에 왜 저런 큰 덩치가 들어서야 했는지, 무엇을 위해 지은 집인지 말이지.

사실 동대문에 대한 추억은 꽤 많다. 아버지 손을 잡고 스케이트를 사러가던 날의 기억. 근데 하필이면 스케이트를 꽃피는 5월에 사러 가다니. 그런 어린이는 아마도 전국에서 내가 유일하지 않을까 생각했었다. 파는 데가 설마 있을까 의심했지만 5월의 스케이트는 동대문에 진짜 있었다.

거대한 성벽처럼 높은 운동장 스탠드 외벽 1층에 다닥다닥 붙어 있던 체육용품점들을 지나 두 운동장 사이로 협곡처럼 깊고 짙은 공간을 통과해 '예림스포츠'라는 청색 간판이 달려 있던 가게로 들어갔던 날. 때는 1979년 봄이었다. 검은색 가죽 신발 밑에 은색 날이 멋들어지게 달린 번쩍거리는 스케이트를 사 들고 꽃가루 날리던 도로를 지나 시장 골목으로 들어가 아버지와 순대에 떡볶이를 먹었던 것 같다. 그날의 기억들은 내게 동대문이라는 세 글자의 지명과 함께 진하게 남아 있다.

운동장 벽면의 압도적인 스케일과 서울 성벽의 잔해처럼 도로에 널부러져 있던 각종 물건들. 어린아이 눈에는 모든 게 기이하게만 보였던 시장 특유의 과잉된 활력과 생활 에너지는 몸에 새겨진 것처럼 지금도 생생하다. 시간이 흘러 중학생이 된 소년이 중간고사 기간 아침에 시험을 치르고 대낮부터 동대문 시장을 기웃거리게 된 것도, 마침 더블헤더로 열린 프로야구 경기를 보기 위해 외야석에 자리를 잡고 청색 유니폼의 청룡과 흰색 유니폼의 슈퍼스타즈가 나른한 봄날의 오리떼처럼 한가로이 치르는 경기를 지켜본 것도, 모두 동대문의 강렬한 첫인상에 끌린 덕분이었다.

박민규의 소설처럼 잡을 수 없는 공은 잡지 않고 칠 수 없는 공은 치지 않는 슈퍼스타즈 특유의 야구가 5월의 화창한 햇살과 묘하게 어우러져 한창 사춘기에 빠져 있던 '될 대로 되라 마인드'의 소년과 만난 그날. 우측 외야석 상단에서 멀고 먼 홈플레이트에 아지랑이(흙먼지였는지도 모르겠지만)가 피어오르는 경기를 지켜보다 그대로 드러누워 하늘을 바라보며 오후를 흘려보내던 그때의 시간들은 살면서 몇 없던 행복한 기억으로 남아 있다. 눈을 감고 듣는 타격 소리, 포수 미트에 박히던 투수의 속구 소리, 이어 운동장 밖에서 들려오는 시장의 소음들. 그것은 자동차와 사람이 뒤엉켜 도시의 탁한 대기 속에서 만들어내는 생활의 파열음들이었다. 누워서 바라보면 하늘과 운동장 스탠드의 둥근 처마가 어안렌즈로 들여다보는 듯 기이하게 보였다. 운동장 밖은 어쩐지 실수를 용서하지 않는 프로의 세계, 운동장 안은 어찌되었든 그보다는 편안한 아마추어들의 세계. 아마 야구 같은 프로야구라서 그랬을 것이다.

그러다 마침 딱! 정신을 차려보니 슈퍼스타즈의 투수가 던진 흐느적거리는 직구를 청룡의 타자가 '난 프로가 될 거야!' 하는 느낌으로 받아친 공이 좌측 펜스를 시원하게 넘어가는 중이었다. 하품이 나올 것 같던 정적을 여지없이 깨는 결연한 의지의 홈런. 결국 아마 야구를 고수하던 슈퍼스타즈는 그해 봄까지만 야구를 하고 여름 무렵 프로를 영영 떠나고 말았다. 아마 1985년이었을 것이다. 딸이 좀 더 크면 옛날이야기처럼 해주고 싶은 나의 추억들이다.

딸의 동대문은, 그 첫인상은, 동대문을 직접 보려고 아빠와 길을 건너 천川을 지나 한참 걸어 도착했지만 문을 지나갈 수 없다는 이상한 이야기와 맞닥뜨린 기억과 거기서 바라본 우주선의 기억이 합쳐진 형태로 남을 것이다. 짐작하건대 봄에 스케이트를 사러 갔던 아빠의 경우와 어떤 측면에선 비슷한 느낌일 수도 있겠다. 특히 우주선은 내 어릴 적 아이의 시선 속에서 압도적 스케일로 다가왔던 운동장 벽면처럼 꽤 강한 이미지로 오랫동안 기억되지 않을까. 어른의 눈에도 큰 스케일은 아이의 눈엔 불가사의한 크기로 보일 것이다.

아이가 우주선이라 부른 건축물은 동대문디자인플라자DDP다. 과거 서울의 동측 관문이었던 흥인지문興仁之門과 성벽, 이간수문二間水門이 있던 지역의 역사적 의미까지 따지고 든다면 장소와 무슨 상관

일까 싶은 뜬금없는 건축물이지만 어쨌든 국제 공모를 통해 설계안을 뽑았고 오랜 시간 막대한 돈을 투입한 끝에 완공에 이르렀다. 이라크 출신의 건축가 자하 하디드Zaha Hadid는 건물의 개념을 '환유의 풍경'이라 명명했는데 직유와 은유도 아니고 하필이면 다소 낯선 '환유'라는 수사를 내세운 것을 보면 이 건물이 특별히 낯선 이유가 '나도 모르는 나를 보여준다'는 식의 환유적 수사 개념에 기인하기 때문이 아닌가 싶다. 동대문 일대를 이방인의 눈으로 응시했을 건축가는 과거의 맥락을 더듬기보다는 돈, 물건, 사람이 폭발하는 미래의 쇼핑 중심지로 읽었을 것이고, 그런 이유로 현재 디자인에 대한 평가는 극단을 오갈 수밖에 없다.

과거에 어떤 역할을 했던 장소든, 근대화 과정에서 동대문이라는 장소가 어떤 변화를 겪었든, 운동장과 시장이라는 특별한 장소성을 어떻게 해석하든, 1970~80년대의 서울을 기억하는 아스팔드 키드의 추억 따위와 상관없이, 정책 결정자의 눈에는 동대문이라는 장소가 그저 24시간 밤낮없이 돌아가는 상업 중심지로 보였을 테고, 그런 정책적 판단을 바탕으로 가장 어울릴 만한 선택지를 뽑아들었을 뿐이다. 절차에 따라 선택했고 지어졌으니 이제 와서 무슨 말을 하든 되돌릴 수는 없을 것이다. 세계적인 디자이너의 한정판 명품 백을 덜컥 산 후 주변 반응이 기대보다 안 좋다고 쓰던 것을 물릴 수는 없는 노릇이고, 뭔가 우리도 세계적인 건축가의 명품 하나쯤 있어야 하지 않겠나 싶어 고른 디자인이라면 명품인지 아닌지 판단할 시간적 여유가 필요하다. 그 시간을 견디는 것은 시민들의 몫이고.

쇼핑 빌딩들의 성벽 뒤편 골목마다 작은 가게들이 밀집한 생활전선의 풍경은 예나 지금이나 크게 변한 게 없는데, 번잡함과 소란스러움이 운동장 안의 느릿느릿한 한가로움과 대치하며 기묘하게 공존했던 애틋한 장소와 기억은 모조리 사라져버리고 말았다. 온통 흰 벽에다 동물의 내장처럼 구불구불하게 만든 내부 공간을 뱅글뱅글 돌다 어디가 어딘지 몰라 직원에게 길을 묻고, 그러고도 또 헤매다가 결국 옥상까지 올라와 (건축을 직업으로 삼은 사람에겐 흔치 않은 일이지만) 지도를 펴 들고 확인하는데, 문득 고개를 들어 저 멀리 바라보니 '들어가지 마시오' 푯말이 붙은 옥상 잔디밭 너머 옛날 운동장 조명탑이 덩그러니 남겨져 있었다. 아……!

스무 살이 넘어서도 시간 남고 딱히 할 일 없고 그런데 집에 있기는 싫은 날엔 가끔 설렁설렁 지하철을 타고 동대문야구장에 놀러가 시간을 때웠다. 특히 해마다 봄날 고교야구 전국대회 서울시 예선이 펼쳐지는 시즌이면 텅 빈 외야석에 혼자 앉아 맥주와 땅콩을 먹으며 경기를 보았다. 고교생들의 경기는 오래전 슈퍼스타즈의 야구를 연상케 했는데 뭔가 실수투성이의 인간적인 플레이 속에서 내 인생도 지금의 야구처럼만 살면 되는 게 아닐까, 속 편한 다짐을 했던 것이다. 고요하고 한가롭게 흘러갈 것만 같은 평화롭던 시간들. 도시가 내게 건네는 훈훈한 나태함이 바로 거기 있었다.

5년이라는 공사기간 동안 5,000억 가까운 돈이 들었고 매년 수백억의 유지비가 들어간다는 새로운 기념비 위에서 미래가 아닌 과거를 생각하며 장소적 위로를 그리워하고 있으니 국민의 한 사람으로서 왠지 죄 짓는 기분이 든다. 하지만 잔디밭에 들어가고 싶어 주저하는 아이에게 그냥 밟고 놀아, 라고 선뜻 말하지 못하는 소심한 아빠는 이 건물이 훗날 아이에게 어떤 의미를 줄 수 있을지 잘 모르겠다. 고민하던 아이가 마침내 에라 모르겠다, 잔디 위를 뛰어다닌다. 옆에서 눈치를 보던 다른 집 아이도 때는 이때다, 같이 뛴다. 멀리 관리 직원이 아이들을 심각한 표정으로 바라보고 있다. 어쨌든, 이런 장면에서 새로운 맥락의 동대문 이야기는 막 시작하는 중이다.

자하 하디드,
말하다

건축가 가상 인터뷰

동대문디자인플라자 II
중구 을지로 281

안녕하세요. 동대문디자인플라자를 설계한 세계적인 건축가 자하 하디드예요. 한국의 최모 소장을 비롯해서 많은 분들이 제 디자인에 대해 불만이 있는 것 같아서 간단히 설명이라도 드릴 겸 이렇게 나오게 됐네요. 제 원래 이름은 자하 모함마드 하디드랍니다. 그런데 세계를 무대로 활동하는 건축가 이름에 모함마드가 붙으면 좀 그렇잖아요. 종교적인 냄새도 나고, 그러다 꽉 막힌 기독교 쪽 애들이 일거리를 안 주면 큰일 날 테니까요. 그러니 그냥 편하게 자하라고 부르세요. 이름 얘기가 나와서 하는 말인데 비행기를 타고 전 세계를 돌아다니면서 시간이 날 때면 가끔 제 이름을 '자 하하 디드'로 바꿔보며 킥킥대곤 한답니다. 이름 중간에 하하 하고 웃음소리가 나잖아요. 이름에서 웃음소리가 나다니, 멋진 아이디어 아닌가요? 호호, 후후, 헤헤, 히히……. 웃음소리에도 종류가 참 많은데 만일 제 이름이 '자 호호 디드' '자 히히 디드'였다면 얼마나 웃겼겠어요. 특히 호호라니, 한겨울 포장마차에서 어묵 먹는 것 같잖아요. 그러니 '하하'라는 긍정적이면서도 대범해 보이는 웃음소리가 중간에 들어간 이름은 참 괜찮은 것 같아요. 실은 이렇게라도 매사에 긍정적으로 살려고 노력하는 중이랍니다. 이렇게라도 하지 않으면 작품을 보고 주위에서 수군거리며 손가락질하는 사람들이 많아서 성격 버리겠더라고요. 훗. 웃으면서 살아야죠, 하하.

저는 개인적으로 섹시한 선들을 좋아해요. 특별한 요청이 없는 한 휘휘 돌아가면서 이리저리 구부러지고 오르락내리락 하는 선을 그리다 보면 짜릿한 기분에 날 새는 줄도 모른답니다. 그래서인지 제

동대문디자인플라자 II
by Cha

가 설계한 건물은 시공하기 어렵다고들 하네요. 어서 좋은 시공기술이 개발돼서 세계 여기저기에 제가 디자인한 건물들이 쑥쑥 올라가야 할 텐데 말이죠.

그런데 요즘 한국에서는 제가 디자인한 DDP를 두고 말들이 많다면서요? 저번에 한국에 갔을 때도 인터뷰하는 기자나 건축가 들이 DDP가 주변에 안 어울린다느니, 돈이 너무 많이 들어갔다느니 하며 저를 죄인 취급하더라고요. 기가 막혀서. 마음에 안 들면 처음부터 뽑지나 말든지. 왜 뽑아놓고 난리들인지 모르겠어요. 중간에 디자인을 바꾼 것도 아닌데 말이죠. 그리고 5,000억이요? 세계를 향한 디자인 창조산업의 발신지가 되려면 그 정도는 써야 뭐라도 나오는 거 아닌가요? 실은 좀 더 쓰고 싶었는데 참았어요. 그 바람에 정말 중요한 부분을 놓쳤어요. 조금만 더 썼더라면 대단한 걸 해볼 수 있었는데. (씩씩) 어머, 제가 좀 흥분했나 봐요. 웃으면서 살아야 하는데. 하하.

기존 역사 환경이나 주변과 안 어울린다는 지적에도 할 말이 많아요. 누군가 그러더라고요. 그 자리에 야구장이 있었다고. 그리고 그 밑에는 한양 성곽이 지나가고 조선 시대 군사시설 하도감下都監이 있었다고. 어쩌면 제 생각에는 더 밑으로 가면 공룡 화석이 있을지도 모르고 좀 더 밑으로 들어가면 지구 탄생의 비밀이 숨겨져 있는 지질층이 나올지도 모르고 더 밑에는 또 뭔가 있겠죠. 그러니까 한번 봐요. 물론 모든 시대는 나름의 존재 이유가 있어요. 그렇다고 모

동대문디자인플라자 II
by Cha

든 지층을 살릴 수도 없잖아요. 이 시대가 필요로 하는 것들이 뭔지, 거기에 따라 가감이 필요한 거죠. 그러니 이렇게 물어야 하지 않겠어요? 야구장이 뭐가 중요해?

저는 야구를 안 봐서 잘 모르겠는데 누가 공을 던지면 방망이를 휘두르고 나서 냅다 뛰는 거 아닌가요? 그리고 그 공을 잡겠다고 멍하니 서 있는 사람들을 보세요. 그들이 공이 안 올 때는 무슨 생각하나 궁금해요. 참 웃긴 운동이에요. 결국 한 바퀴 돌고 나면 제자리로 오잖아요. 정말 웃긴 건 바로 이거예요. 다시 제자리로 올 걸 왜 그렇게 열심히 뛰나 모르겠어요. 하하.

그래도 장소의 특성도 반영하고 나름 신경을 안 쓴 건 아니에요. 옆에 보세요. 야구장에 있던 스포트라이트가 벌떡 서 있잖아요. 제가 다 부순 건 아니라니까요. 돌아다니다 보면 아레나 분위기도 나고 그렇잖아요. 그리고 주변 경관과 조화를 이루지 못한다고 하는데 사실 까놓고 말해서, 조화를 이룰 만한 주변 건물이 뭐 변변히 있기나 한가요?

그리고 많은 사람들이 건물이 우주선처럼 보인다더군요. 근데 좋은 뜻으로 말하는 건지 비웃는 건지 당최 알 수가 없네요. 실은 저도 거기까지는 생각 못 했는데 다시 보니 우주선 같기도 하더군요. 뭐 해석은 자유니까 우주선이라고 해도 할 말은 없어요. 그런데 다들 우주선을 본 적이 있기는 한가요? 근데 왜 우주선이 저렇게 생겼을 거라고 생각하세요? 실제로 이제껏 인류가 날린 우주선은 사인펜처럼 둥근 몸통에 머리가 뾰족한 것뿐이었는데. 저렇게 우아한 곡선을 가진 우주선을 대체 어디서 본 거죠? 혹시 외계인들이 타고 다니는 UFO를 말하는 건가요? 하지만 이건 꼭 알아두셔야 해요. 저는 지구인을 위해 설계하는 지구인 건축가랍니다.

어떤 분들은 동선이 혼란스럽다고 하더군요. 최 소장님도 구불구불, 뱅글뱅글 돌다가 옥상까지 올라가셨나 보네요. 일반인들이라면 그럴 수도 있다고 이해하지만 건축가가 길을 잃다니 실망이네요. 하지만 상상력을 조금만 발휘해보세요. 구불구불 돌다 나도 모르게 도착한 공간. "아, 2층으로 가야 되는데 3층에 왔네. 다시 내려가야 하나? 그런데 가만 있자, 저기 무슨 전시가 열린 거지? 오호 자하 하디드 전展이구나. 층을 헤매지 않았더라면 좋은 전시를 놓쳤을 텐데. 2층, 3층이 헷갈리니 정말 좋군. 앞으로 종종 길을 잃어야지"라고 할 수도 있죠. 그리고 벤야민 씨던가요? 가끔 도시에서 길을 잃고서야 보석 같은 공간을 만난다고 했죠. 참 대단하신 분이에요. 100년 전에 이미 제 건물을 이해하고 있었으니 말이에요. 그분이 살아 계셨더라면 DDP에 초대했을 텐데. 오래전에 돌아가셔서 그만……

DDP의 복잡한 동선에 대해서도 한마디 하고 싶어요. 우주선 동선은 원래 좀 혼란스러워요. 어디가 어딘지 잘 모르죠. 그리고 지났으니 하는 말인데, 실은 순간 이동 텔레포테이션 기능을 넣고 싶었어요. 비용 때문에 못했지만요. 앞에서도 말했지만 정말 중요한 기능인데 얼마나 돈이 많이 들어가는지 아느냐고 공무원 분들이 보채는 바람에 할 수 없었죠. 그 기능만 들어갔어도 완벽했을 텐데. 지금 생각하면 후회막심이네요. 길을 잃을 것 같으면 휴대폰에 연결된 순간 이동 앱을 열고 이렇게 문자를 넣는 거죠. '나를 5번 전시실로 데려다 줘'라고. 그러면 바로 휙 하고 5번 전시실로 이동할 수 있거든요. 이때 오타가 나지 않도록 주의해야 해요. '나'를 '너'라고 치면 옆 사람이 별안간 사라질지도 몰라요. 아무튼 이런 기능을 생각하고 디자인을 하다 보니 길이 좀 아리송하게 되었네요. 쏘리.

건물이 너무 커 보인다고 투덜대는 분들도 계시던데, 그런 분들에게는 에펠탑 얘기를 들려드리고 싶어요. 에펠탑이 파리에 처음 지어졌을 때 얼마나 말들이 많았는지 아시죠? 드가니, 모파상이니 졸라니 하는 양반들이 파리의 수치라느니 천박하다느니 하며 떠들어댔잖아요. 하지만 지금 보세요. 짱이잖아요. 에펠탑 없는 파리를 상상이나 할 수 있겠어요? 그러니 지금의 관점에서 크다느니, 콘텍스트가 없다느니 하는 얘기는 꺼내지 마세요. 그건 앞으로 이 건물을 쓸 사람들의 몫으로 남겨두세요. 그리고 더는 질문하지 마세요. 했던 말 또 하기 싫어요. 그냥 느끼세요.

마지막으로 이런 얘기를 들려드리고 싶네요. 인생은 반듯한 바둑판에서 일어나는 사건이 아니에요. 이 얘기는 어느 인터뷰에서 했던 얘기인데요, 실은 하도 인터뷰를 많이 해서 어떤 기자에게 얘기한 건지는 기억나지 않지만, 기사가 났으니 제가 했던 말이라고 해두

죠. 바둑을 아느냐고 묻는다면 저는 몰라요. 하지만 좋은 일이 있으면 나쁜 일이 있고 성공할 때가 있으면 실패할 때가 있고 오르막 뒤에 내리막이 있는 게 인생이잖아요. 이리저리 휘둘리면서 때로는 휘두르면서 하루하루 살아가는 게 인생이라는 건 알아요. 인생이란 어딘가를 향해 직선을 그으면서 가는 게 아니잖아요. 예측 불가능하다고요. 노래도 있잖아요. '인생은 요지경, 요지경 속이야 잘난 사람 잘난 대로 살고……' 어머, 죄송해요. 그러니까 제가 하고 싶은 말은 이거예요. 제가 디자인하는 비정형 건축은 이렇게 알 수 없는 인생, 오르락내리락 하는 인생, 명확히 규정되지 않는 인생을 담느라 그런 거예요. 자연 경관을 생각해봐요. 그중에 균일하거나 규칙적인 게 있나요? 있다고요? 시끄럽고요. 제 건축은 한마디로 인생을 담고 있어요. 그러니 인생을 모르는 자 제 건축을 논하지 마세요. 저를 손가락질하는 전 세계 건축가들에게 마지막으로 물어보고 싶어요. 니들이 인생을 알아?

2016년 3월 자하 하디드 여사가 심장마비로 별세했다. 평범함을 거부하는 디자인으로 건축계의 논란의 중심에 서기도 했던 그녀였지만, 분명한 것은 자하 하디드가 현대 건축계에 남긴 족적만큼은 절대 잊히지 않을 것이라는 점이다. DDP 역시 무난히 서울에 안착했는지 논란은 잦아들었다. 공간은 영원하고 우리는 적응할 것이다. 고인의 명복을 빈다.

공간이
변해야

생각이
변한다

청와대
종로구 청와대로 1

자하 여사님께서 직접 등장하시다니. 눈을 부라리며 던진 그녀의 느닷없는 클로징 멘트 '니들이 인생을 알아?'에 얻어맞고 보니 순간적으로 연기자 신구 선생이 생각나면서 말문이 막히고 말았다. 하지만 다시 정신을 차리고 그래도 한 말씀 드려야 되지 않을까 싶다. '인생 아직 잘 모르지만, 조금 평범하고 차분하고 정돈된 직각 인생도 나름의 의미가 있는 게 아닐까요'라고.

공간과 건물이 현란하게 날아다니고 그동안 체험하지 못했던 비일상적 장소가 만들어지면 굳은 표정의 시민들이 갑자기 화기애애한 대화에 꽃을 피우고, 우연하고 즐거운 만남이 여기저기 막 벌어져서 삶을 행복하게 하고, 새로운 추억과 이야기가 만들어지고, 허름한 지역이 자극을 받아 갑자기 발전하고⋯⋯ 글쎄요, 과연 실제로도 그렇게 될까? 어쨌든 자하 여사의 인생 드라마 같은 푸념을 읽다 보니 이게 가상 인터뷰가 아니라 실제 같기도 하고, 환청으로 육성 지원도 되는 듯해서 두 손 가지런히 모으고 사색에 잠기고 말았다. 차형의 차기작은 역시 소설이 어떨지.

비슷한 유형으로 반복되는 부수고 다시 짓기, 어이없는 재건축과 전시성 개발들을 숱하게 겪으면서 도시가 변하는 (발전이라고 부르는) 광경을 묵묵히 지켜봐야 하는 우리는 가끔 왜 이런 식으로 풍경이 바뀌어야 하는지 궁금해진다. 10년이 걸릴 일을 3년 만에 해치우고 그 단축의 성과를 자랑하는 것이 얼마나 부질없는 일인지 이제 좀 자각할 때도 되었건만. 언제나 꼬리표처럼 따라 나오는 각종 하자와 부실들은 마인드가 바뀌어야 한다고 지겨울 만큼 이야기하고 있지만 실상 도시의 풍경이 바뀌는 속도의 반의 반만큼도 따라가기 힘든 모양이다.

왜 바뀌지 못하는 걸까. 혹시 일하는 공간이 문제인가? 사실 국가의 모든 중요한 결정이 이루어지는 대통령의 공간만 보더라도 이 문제의 감이 잡힌다. 억울한 일이 있어 앞에 가서 성능 좋은 확성기로 떠든다 해도 단단한 투명 방음막이 삼중 사중으로 쳐져 있을 것 같은 공간. 차라리 소를 찾아가 귓속말을 하는 게 낫겠다 싶은 마음이 드는 멀고 먼 곳이 바로 청와대다. 그 앞에서의 막막한 거리감은 마치 통일 전망대에서 금강산을 바라보는 마음과 같다고 해야 할까.

'분쟁 지역을 비춘 항공지도 속 테러 집단의 본거지로 판단되는 건물을 위성 화면이 벽면에 비춘다. 와이셔츠 차림의 남자 몇은 선 채로, 또 몇 명은 소파에 몸을 깊이 박고 걱정스러운 표정으로 화면을 응시하며 대화를 나눈다. 회색 정장 차림의 중년 여자가 노크도 없이 불쑥 방에 들어와 다급한 정보를 건넨다. 한 남자가 급히 방을 나가 복도를 가로지른다. 복도의 끝, 좁은 회의실엔 별을 잔뜩 단 장성들이 난상토론을 벌이고 있다. 남자가 들어오자 슬쩍 눈인사만 오가고 다시 토론은 계속된다. 남자는 그들의 토론 속에 자연스럽게 끼어들어 몇 마디를 건넨 후 방을 나온다. 복도에서 만난 누군가에게 간단한 요깃거리를 부탁한 남자는 느슨하게 풀어진 넥타이를 아예 빼서 손에 들고는 옆방으로 들어간다. 지친 모습의 그가 들어오

자 비서실장이 연민의 눈빛으로 그를 맞이한다.'

미국 드라마 「웨스트 윙」은 대통령의 일과를 그리고 있다. 백악관 서쪽 부속 건물을 지칭하는 웨스트 윙은 대통령의 집무 영역이다. 대통령 집무실 지척에 비서실, 보좌관실, 부통령실, 내각회의실 등이 있다. 드라마에 연출된 대통령 집무 영역은 복도와 작은 홀로 연결되어 효율적인 의견 조율과 정보 공유가 수시로 이루어지는 합리적인 공간으로 그려졌다. 백악관 안을 관람하던 일반 내방객이 우연히 대통령과 복도에서 마주쳤다는 이해하기 어려운 후일담은 괜히 나온 게 아닌 것이다.

백악관은 장변 200미터의 가늘고 긴 건물이다. 둥근 돔이 있는 중앙 관저와 동쪽의 영부인 집무실, 서쪽의 대통령 집무실과 회의실로 나뉘어 있지만 내부는 하나의 공간으로 연결되어 있다. 대통령과 실무자들의 자유로운 의사 교류와 활발한 소통이 가능한 이유가 일차적으로 연속해서 이어진 공간에서 연유함을 알게 된다. 합리적인 크기의 각 공간들이 통로와 기타 부속 공간 등으로 유기적으로 연결되어 신속한 협의와 의사결정이 가능해진다. 타원형의 대통령 집무실은 가로 10미터, 세로 8미터, 면적 30평 정도의 일반적인 기업 회의실만 한 크기다. 반면 우리의 청와대는 입구에서 대통령 자리까지 거리만 15미터가 넘는(방만 크면 뭐합니까) 소강당 같은 공간인데, 간단한 업무보고 하나도 의전을 따져야 하는 봉건적 공간 논리 앞에서 일의 효율을 기대하기는 쉽지 않을 것이다.

드라마의 인기 요인 역시 국가 중대사가 논의되는 대통령의 협의 공간에 대한 일반인들의 관심에서 비롯된 것이 아닐까. 「웨스트 윙」의 일상은 그것이 비록 어느 정도는 연출된 쇼라고 하더라도 정치가 일상의 한 부분으로, 또 삶의 문제로 논의되고 있다는 친밀감을 보여주며 정치와 현실의 거리감을 지운다. 미국 정부 입장에서는 무척 고마운 드라마일 듯. 어디까지 현실인지는 역시 알 길이 없지만.

오래전 여행길에 영국 총리 관저로 유명한 런던 다우닝가 10번지를 가본 적이 있다. 근처까지 갔지만 총리 관저는 눈에 잘 띄지 않았다. 쉽게 찾지 못한 이유는 선입견 때문이었다. 적어도 국가의 최고 권력자라면 이런 정도의 공간에서 살고 있겠지 하는 생각이 있었고, 은연중에 청와대를 머릿속에 그릴 수밖에 없었던 나는 상식적으로 이해하기 어려운 총리의 집을 만나게 되었다.

이미 지나친 도로변 어귀에 경찰 서넛이 경비를 서고 철 주물 장식으로 안마당이 훤히 들여다보이는 담이 둘러쳐진 장소가 있었다. 아마 지역 관공서(동사무소나 구청쯤)가 아닐까 짐작했던 것 같다. 담 안을 들여다봐도 딱히 눈에 띄는 건물이 있는 것도 아니었으니까. 하지만 그 담 너머 건물이 총리 관저였다. 이런 곳에서 보안은 어떻게 유지하지? 총리의 안전은? 의전은? 근데 내가 왜 걱정을 하고 있지? 국민과 함께 사는 도시 속에 호흡하는 소박한 최고 권력자의 집을 갖고 있는 나라. 이런 국가에서 주권을 행사하는 영국인들이 조금 부럽게 느껴졌다. 우리는 왜 그들처럼 안 되는 것일까.

어느 국가든 최고 권력자가 일하고 생활하는 공간은 국가 철학의 지향점과 통치 마인드를 상징적으로 드러낸다. 3류 정치라고 조롱 받는 우리의 정치 수준이 높아지려면 공간부터 먼저 들여다봐야 할 것이다. 공간은 사람의 사고방식을 지배하기 마련이니까. 적절한 크기의 단위 공간으로 구성되어 업무 합리성을 고려한 기능이 탑재된 비권위적 공간 안에서는 생각이 여유로워지고 새로운 아이디어도 만들어진다. 하지만 수평적 사고와 효율성과는 거리가 먼 크고 닫힌 공간은 자연스레 권위를 추종하고, 생각의 폭은 좁아지며 실용보다는 형식을 따지기 마련이다. 불통은 그렇게 시작된다.

역사적으로 청와대가 있던 장소는 조선 초기 경복궁의 후원으로 조성되었지만 딱히 분명한 역할이 있는 곳은 아니었다. 어영군 훈련지나 과거 시험장 등으로 사용되기도 했지만 그다지 중요한 기능은 없었던 것으로 보인다. 조선 말 고종 때 경복궁이 중건되면서 융문당, 경무대, 경농재 등 200여 칸의 새로운 건물들이 이 장소에 들어서게 되었는데, 건물은 저마다 과거 시험, 군사 훈련, 친경(왕이 농사를 지어 시범을 보이는) 현장 등 궁 행정의 부속 공간으로 사용되었다. 하지만 1937년 일제가 이곳의 건물 몇 채를 철거하고 그 자리에 조선총독부 관저를 지었다. 광화문 앞의 총독부와 더불어 궁을 앞뒤로 막아서는 압제의 배치를 꾀한 것이다. 광복 이후 미 군정의 사령관 하지중장 역시 조선총독부 관저를 그대로 군정 관저로 사용했는데 이때부터 이 장소의 정체성이 묘하게 흘러가기 시작했다. 문제는 대한민국 정부가 수립된 후에 이승만 대통령 역시 집무실 겸 관저로 이 집을 사용했다는 것이다. 그 이름이 청와대의 전신이었던 '경무대'다. 경무대는 이승만 대통령 하야 후 청와대로 명칭을 바꾸고, 1993년 김영삼 대통령이 집을 철거할 때까지 '조선총독부 관저'의 원형을 그대로 썼다. 대한민국 대통령 공간으로 60년 가까이 사용한 것이다(아무리 생각해도 이해하기 힘들지만 세상에는 별별 일이 다 있기 마련이다).

현재의 청와대 본관은 1991년 새로 신축했다. 중앙에 대통령 본관, 입구 왼편엔 외국 VIP를 의전하는 영빈관과 프레스센터 기능의 춘추관, 입구 오른편엔 대통령 비서관들의 업무 공간과 대통령실 등이 배치되어 있다. 문제는 대통령 관저와 집무실, 비서와 보좌관들의 공간, 춘추관 등이 서로 차를 타고 움직여야 할 만큼 멀리 있어서 업무 효율이 좋지 않다는 점이다. 대통령이 호출하면 신하가 입궐하듯 관저로 가서 보고를 해야 하는 봉건적 공간 시스템이어서 그에 따른 실제 업무 방식도 크게 다르지 않을 것이라는 추측을 하게 된다. 실시간 정보를 접하기 힘들고 편하게 수시로 의견을 교류할 수도 없는, 단절된 공간에 갇힌 채 의전용으로 지어진 강당 같은 집무실에서 고독한 시간을 보내는 통치자에게 무엇을 기대할 수 있을까. 지금의 청와대는 중세 궁궐의 형식적 미학만 빌려 쓴 전근대적인 통치 건축의 전형을 보여주고 있다.

일제는 세종로와 마주하는 전면에 조선총독부를 세우고, 조선의 상징이었던 궁을 사이에 두고, 그 뒤로는 실질적 최고 권력자였던 총독 관저를 세움으로써 전통을 말살시키려 했었다. 그 관저가 미 군정 사령관 관저로, 다시 초대 대통령 관저로 사용됐고, 그런 식으로 1991년까지 맥을 이어왔다. 대통령을 위한 더 좋은 장소는 없었을까. 더 합리적이며 상징적인 국가 통치자의 공간을 만들 시간과 아이디어는 없었을까. 우리는 왜 이 공간의 사연에 대해 궁금해 하지 않을까.

청와대가 현재의 시대정신과 정서에 잘 어울리는 건축물인지 한 번쯤 곰곰이 생각해볼 때가 된 것 같다. 당장 백악관의 웨스트 윙이나 런던의 다우닝가 10번지처럼 특별한 정치적 의미를 과시하는 공간으로 탈바꿈할 수는 없겠지만, 지금의 청와대 같은 공간에서는 그 누가 대통령이든 좋은 정치를 하기 어려운 건축적 요인이 분명히 존재하는 것도 사실이기 때문이다. 임기를 마치고 청와대를 떠나 존경 받으며 행복하게 말년을 보내는 대통령을 좀체 보기 힘든 까닭 역시 그들의 능력 문제 이전에 이상한 공간에서 5년을 갇혀 지낸 대가는 아닐까, 생각해볼 일이다.

맑은 하늘색 유리(물론 방탄유리)로 외관을 둘러 내부가 훤히 들여다보이는 집은 어떨까. 대통령의 사생활을 담는 관저까지는 힘들겠지만 집무 공간은 충분히 가능할 것 같다. 비서관과 내각의 관료들이 분주히 움직이며 대통령과 일하는 모습을 국민들에게 보여줄 수 있다면 그만한 긍정적인 정치 퍼포먼스가 또 어디 있을까. 경호팀 입장에선 골치 아픈 이야기(업무 부담이 꽤 크실 듯)겠지만 집 스스로 웅변하는 메시지는 말로 떠드는 형식적 소통과는 차원이 다르다.

몇 년 전인가, 영국에서 새로운 총리 캐머런이 당선되어 다우닝가 관저에 일하러 들어가는 모습이 출근하는 가장의 풍경처럼 텔레비전 화면에 잡혔다. 권력자로서 군림하지 않고 국민을 위해 일하겠다는 태도의 진정성을 보여주는 것. 때로는 공간이 말보다 더 명징한 메시지를 건넨다. 공간이 변하면 생각이 변하지 않을까. 생각이 변하면 자연히 정치도 변할 것이고.

건축가의
비극

사회의
비극

서울시청 신청사
중구 세종대로 110

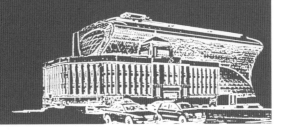

공간이 변하면 생각이 변하고 생각이 변하면 정치가 변하고 정치가 변하면 사는 게 변하고 사는 게 변하면 또 뭐가 변하려나. 아무튼 공간이 변하면 바뀌는 것도 많을 것 같긴 한데, 설계를 하다 보니 어째 영 바뀌지 않을 것 같은 게 있다. 건축에 대한 사람들의 인식이 바로 그것이다.

1999년 설계사무소에 들어가 새로운 전문용어들을 만났다. 그중에 참으로 생소했던 것이 '납품'과 '용역'이라는 단어였다. 학교 다닐 때 건축 설계가 '납품'과 '용역'의 대상이 될 수 있을 거라고는 상상도 못했다. '납품'이라니, 처음에는 대형마트에 청국장을 넣어준다든지, 군대에 건빵을 가져다주는 것이랑 비슷한 느낌이 났다. 특히 '용역'은 건물 관리인이나 철거 현장에 남아 있는 주민들을 밀어내는 용역업체 아저씨들이 연상됐다. 많이 낯설었다. 하지만 전문용어의 힘이란 쓰면 쓸수록 새로운 세계에 발을 디딘 것 같은 느낌을 주는 이상한 매력이 있다. 병원 드라마 봐라, 지들끼리 이상한 약어를 마구 쓰는데 그게 굉장히 의사다워 보이지 않던가? 나도 납품과 용역이라는 전문용어를 대하고 나니 힘이 불끈 솟았고, 그날 이후 납기일까지 용역을 성실히 수행해 성공적으로 납품을 완수해왔다. 어려운 일도 많았지만 용역업체에게 납기일 맞추기는 절체절명의 지상과제니 반드시 시간 내에 끝내야 한다. 용역의 성공과 실패를 결정한다고나 할까.

그런 면에서 거리를 지나다 동병상련의 감정이 느껴지는 건물을 마주칠 때가 있다. 특히 말 많던 서울시청사 옆을 지날 때면 유난히 애틋하다. 휘어져 올라간 곡선, 10미터 넘게 튀어나온 처마선, 거리를 향해 툭 튀어나온 눈알 같은 다목적홀. 납기일 맞추기 위한 용역업체의 수고가 만만치 않았을 텐데 유걸 선생도 참 왜 그렇게 어렵게 건물을 디자인하셨는지.

2012년 준공된 서울시 신청사는 태어나자마자 언론, 시민들의 입에 오르내렸다. 당시 신문마다 시청사 얘기를 하는 것을 보고 사람들이 건축에 이렇게 관심이 많은지 처음 알았다. 정말 누구나 한마디씩 했다. 건물도 별생각 없이 한마디 툭 던지기에 적당하게 생겼으니까. 얘기들은 조금씩 다른 모습을 하고 있었지만, 내용을 요약하면 한결같았다. 이상한 건물, 시민에 대한 폭력, 쓰나미 등등. 워낙 과도한 관심을 받았던지라 이 자리에서까지 건물에 대한 평을 보태고 싶지는 않다.

전문가들 역시 비판적인 의견을 쏟아냈다. 시청 신청사는 2013년도 건축 전문가들이 뽑은 최악의 현대건축물 1위로 선정되었다. 그런데 굳이 최악의 것을 투표로 뽑을 필요까지 있었을까? 혹시 최악의 것을 뽑고 다시는 이런 실수를 되풀이하지 말자고 다짐이라도 하고 싶었던 건가? 하지만 내 경험상 최악의 것은 그런 식으로 없어지는 게 아니다. 최악의 1위 따위를 없애고 싶다면 순위 자체를 매기지 않으면 된다. 하지만 우리는 앞에서건 뒤에서건 1위를 찾고, 순위를 정하고 즐거워한다. 2013년도 최악의 영화는 「애프터 어스」, 최악의 데이터 유출 사고는 카드사의 개인정보 유출 사건, 최악의 광고는 S전자의 신제품 광고, 최악의 게임은 「아이돌 파라다스」……. 이외에도 각 분야마다 최악의 것들이 하나씩 있다. 그런데 이렇게 최악의 것들을 하나씩 꼽다 보니 최악의 건축물쯤이야 세상에 허다한 최악의 것들 중 하나일 뿐이지 않은가 하는 생각도 든다.

사실 최고의 건축물 1위가 되기도 힘들겠지만, 최악의 1위 역시 아무나 되는 게 아니다. 그저 못했다고 그 자리를 주지 않는다. 모든 정답을 다 알고 나서 그 답만 피해가기로 작정하지 않는 이상 최악의 1위는 언감생심이다. 그리고 답을 다 알고 있다는 점에서 최악의 1위는 마음만 먹으면 최고의 1위도 될 수 있다. 방향만 달랐지 건물에 대한 건축가의 애정, 쏟아부은 돈, 시공사의 노력 등등이 그 안에 다 들어 있다. 그리고 최소한 유걸 선생 정도 되면 최악을 면하려면 어떤 건물이 되어야 한다는 것쯤은 알고 있었다고 믿는다. 적당히 하고 슬그머니 욕 안 먹는 범위로 디자인을 가져갈 수도 있었으리라. 그러면 어쩌다가 이 지경이 된 것일까?

많은 사람들이 턴키turn-key 시스템의 문제점을 꼽는다. 디자인한 건축가가 실제 시공 과정에 전적으로 참여할 수 없는 시스템. 작품성보다 시공의 효율성과 경제성을 추구할 수밖에 없는 시스템. 다 알다시피 신청사 사업의 발주는 이런 턴키 방식을 따르고 진행이 지지부진하니 유걸 선생의 콘셉트 디자인을 새로 받아서 시공에 들어간 형편이었다. 디자인한 건축가가 진행에 참여할 수 없는 상황이라 그래도 예의는 지킨다고 시에서는 유걸 선생의 안을 가능한 바꾸지

서울시청 신청사
by Cha

말고 그대로 해주라고 했다나. 여기서 문제가 발생한다. 개념 디자인 수준으로 제안한 계획안을 그대로 하라니. 콘셉트 디자인은 말 그대로 개념을 보여주는 거다. 건축가는 앞으로 디자인이 디벨로프 될 것을 예상하고 안을 제안하는데 이것을 가능한 한 지키라고 했으니, 건축가의 의도를 살려준다는 생각은 기특했으나 그 결과가 참으로 웃지 못할 상황이 되어버린 것이다.

어떤 이는 유걸 선생의 안을 뽑은 것 자체가 잘못됐다고 한다. 유걸 선생의 디자인은 굉장히 터프하고 자기 목소리를 강조하는 경향이 있다고 알려져 있다. 대지의 성격, 시청이라는 프로그램상 자기 목소리를 내는 건물은 굳이 필요치 않았다. 하지만 여섯 차례나 디자인을 변경하면서도 결론이 안 나고 사업이 표류하자, 유걸 선생을 포함한 네 명의 유명 건축가를 초빙하여 콘셉트 디자인을 받았다. 이때 턴키를 발주한 시나 용역을 수행하는 컨소시엄이 말은 안 했어도 속으로는 누구라도 좋으니 뭔가 강력한 한 방으로 디자인 논란을 종식시켜주기를 간절히 원했을 것이다. 이런 마음이 심사위원들에게도 통했는지 2차 콤피티션의 심사위원들은 "건축적인 것은 2등안이 더 좋지만, 이게 당선되면 신청사 논란을 종식하지 못할 것"이라며 유걸 선생의 손을 들어주었다고 한다. '부탁한다, 유걸!' 뭐 이런 분위기였달까.

또 다른 의견으로, 영화 「말하는 건축 시티 : 홀」의 정재은 감독은 『한겨레』와의 인터뷰에서 이렇게 말했다.

서울시청 신청사
by Cha

"내가 관찰한 바로는, 서울시청사는 수백 개의 위원회의 (활동) 결과다. 오세훈의 '디자인 서울'이나 '랜드마크'니 하는 말들이 영향을 미쳤겠지만, 오세훈 혼자 '이걸로 해!' 이럴 수는 없는, 복잡한 시민사회적 지점에 우리는 도달해 있다. 난 복잡다단한 이해관계와 입장의 충돌을 보여주고 싶었다. 의견의 차이로 7년이 걸렸는데 그보다 더 걸린들 어떤가. 오세훈 한 사람의 잘못이라고 보면 마음 편할 수는 있지만, 사실 이 모든 것은 수많은 위원회들의 복합적인 선택의 결과다."

– 『한겨레』 2013년 11월 9일자

이외에도 이런 저런 의견들이 많지만 여러 가지 분석들 중에 정 감독의 견해가 가장 마음에 와 닿는다. 하지만 영화에서 일흔이 다 되어가는 건축가가 건설사, 시청사 관계자들을 만나면서 미안해서 올 수가 없었다고 말하는 장면을 보다 보니 기분이 울적해졌다. 영화에서 아무도 미안하다는 얘기를 안 하는데 유독 유걸 선생 혼자서 이리저리 미안하다며 다니는 거다. 그러다 준공식에서 제대로 된 자리 하나 차지하지 못하고 밀려나면서 "제가 이 건물 설계한 건축가예요" 하고 자리 안내하는 행사 직원에게 말하는 장면에 이어, 초대받지 못한 남의 집 잔치에 온 것처럼 멍석에 앉아 있는 것을 보니 신청사 논란은 수많은 위원회들의 복합적인 선택의 결과를 넘어서 이 시대에 일어나고 있는, 혹은 일어날 수밖에 없는 우리 시대의 수준을 공간을 둘러싼 하나의 사건으로 보여준 것뿐이구나 하는 생

서울시청 신청사
by Cha

각이 들었다.

　말이 나왔으니 좀 더 덧붙이자면 한국 사회는 건축을 문화로 인식하지 않는다. 건설의 한 부분으로, 그저 집 짓는 일로, 돈벌이 수단으로, 권력자의 정치 선전 도구로 본다. '용역'으로 '납품'되는 것도 당연해 보인다. 그러면 이런 건축에 대한 몰이해는 다만 건축가의 슬픔으로만 남을까?

　2010년 남산 안중근 기념관 준공식에서 건물을 설계한 건축가가 정관계 인사들에 밀려 앉을 자리가 없어 자리를 뜬 사건으로 건축계가 발끈한 적이 있었다. 모 건축 단체는 건축가의 자리가 없는 사회를 통탄한다는 내용의 성명서까지 발표했다. 당시 유걸 선생은 건축이 만들어지는 과정에서 건축가를 몰이해하는 것이 건축가의 비극이 아니라 사회의 비극이라고 했다. 그리고 2년 뒤 마치 그 말이 예언이 된 것처럼 서울시 신청사 논란이 일어났다.

　최악의 1위를 뽑아 타산지석을 삼고 싶다면 신청사 건립이라는 건축적 사건 뒤 시스템의 문제, 권력자의 욕망, 건축가 선정의 적절성 등 여러 문제를 검토할 수 있겠지만, 개인적으로 가장 필요해 보이는 것은 건축에 대한 우리 사회의 애증의 부재를 극복하는 방법을 찾아야 하는 게 아닐까 싶다. 그 많은 질책과 비난에도 불구하고 「말하는 건축 시티 : 홀」의 시사회 자리에서 유걸 선생도 무관심보다는 차라리 나쁜 이야기라도 많이 나오는 게 낫다, 고 했다. 일상에서 음악을 듣는 것처럼, 미술작품을 보는 것처럼, 책을 읽는 것처럼 건축이나 공간에 대해 많은 사람들이 수다를 떨었으면 좋겠다. 이렇게라도 관심을 가지고 우리 주변에서 일어나는 공간의 변화를 지켜보는 게 일단 비극을 종식하는 첫걸음이 될 것이라고 믿는다.

지나온
나날들

대한민국역사박물관
종로구 세종대로 198

'사공이 많으면 배가 산으로 간다.' 정재은 감독의 「말하는 건축 시티 : 홀」을 보며 느꼈던 점이다. 건축이라는 게 워낙 입장이 다른 사람들이 모여서 싸우고 조율하며 만들어가는 지난한 과정이긴 하지만 말이다. 작은 집 하나만 보더라도 집 설계하는 사람과 집 짓는 사람, 집에서 살 사람 등 서로 다른 입장이 최소한 셋은 존재한다. 하물며 대도시의 시청처럼 규모도 크고 다양한 요구가 얽혀 있는 건축물의 경우라면 더 말할 필요가 없겠다. 서울시청사가 지어지는 과정을 기록한 이 다큐멘터리는 우리에게 건축은 대체 어떤 의미인가 하는 질문을 던지게 한다. 건축이 예술인지(앞에서 이미 예술이라고는 했지만), 공학이나 기술인지, 정치인지, 사회현상인지, 그도 아니면 세상살이의 축소판인지. 아직도 서비스업 중 하나로 납품이나 용역이라는 용어를 사용하며 건축설계를 이해하는 우리 사회에서 새로운 시청사가 감당했어야 할 이상과 실제의 거리는 예상보다 훨씬 멀었다.

어차피 납품과 용역으로 건축설계를 규정하는 시스템 속에서 만들어지는 건축이 그에 걸맞은 이해관계와 자본의 악다구니를 넘어서는 가치를 갖기란 불가능하다. 그런 의미에서 정재은 감독의 「말하는 건축 시티 : 홀」은 시청사에 대한 각종 시끌벅적한 논란들, 즉 건물 형태와 돈, 정치가 결합하여 구축되는 대형 건축이 얼마나 복잡한 과정의 산물인지를 여실히 보여준다. 계약직 시장의 정치적 욕심이 문제의 발단이라고 생각하는 사람, 건축가의 설계 착오라고 생각하는 사람, 혹은 건설사의 시공력, 문화재청의 융통성 없는 판단이 문제라고 생각하는 사람들은 영화를 통해 시청사의 문제가 어느 하나에서만 비롯된 것이 아니라는 사실을 알게 될 것이다. 그 사실을 접하고 나면 답답한 마음만 더 커질 뿐이겠지만.

그런데 이상하다. 건축은 문화이고 예술이며 인문학이라고 다들 끄덕거리면서, 왜 실제의 건축과 그 문화이고 예술이며 인문학인 건축설계는 완전히 다른 분야라고 보는 것일까?

건축과 건축설계를 다르게 보는 사회에서 건축은 문화겠지만 건축설계는 도면 납품업이고, 건축은 예술이겠지만 건축설계는 기술 용역일 뿐이고, 건축은 인문학이지만 건축설계는 산업 엔지니어링일 뿐이다. 이제 와서 사실은 말이죠, 운을 띄우며 이런 답답한 사회적 인식을 조금이라도 바꿔볼 요량으로 두 남자가 합심하여 서른두 장章에 걸쳐 이 책을 써 나갔다, 라고 고백한다면 다들 '피식' 하겠지?

언제나 큰일이 벌어지고, 진상을 알게 될수록 사실이 명확해지는 게 아니라 사회의 부조리만 더 부각되고, 본질은 흐려지고, 논란은 가중되고, 가장 애쓴 사람들만 미안하다고 연신 안쓰럽게 동분서주하다가 다시 깨끗이 잊어버리는 게 우리의 현실이다. 이럴 때마다 '고민한다고 달라질 일도 없는데 각자 할 일이나 하자'라는 자기편의적 입장이 외려 지혜롭고 합리적으로 보이는 것은 이미 우리가 매너리즘에 빠진 탓일 게다.

영화에서 준공식 때 멍석에 앉아 있던 건축가보다 더 안타깝게 보였던 분들은 맡은 책임에 따라 꼬인 실타래를 풀기 위해 고난의 시간을 보낸 실무자들이었다. 준공이 다가올수록 밝아지기는커녕 점점 더 흑색으로 변해가며 각종 건강지수에 빨간불이 켜지는 것 같던 그들의 고단한 얼굴들, 다들 고생 참 많으셨다고 한 말씀 드리고 싶다. 시청 앞을 지날 때마다 한 분 한 분의 얼굴이 저절로 떠올랐다. 요즘에는 시청 앞 노란 리본의 물결 때문에 서서히 희미해지기 시작했지만.

2011년 3월, 2만 명 넘게 희생된 동일본 대지진. 건축가 구마 겐고隈研吾가 최근 신간을 통해 증언한 것처럼 일본이 철저하게 파괴되는 과정을 지켜봐야 했던 그들의 무기력한 심정은 '집단임사체험'이라는 말 외에 다른 단어를 찾아 기술하기 어려웠을 것이다. 세월호 참사를 통해 어린 학생들이 죽어가는 것을 속절없이 바라봐야 했던 우리 사회의 상처도 다르지 않다. 잊을 만하면 벌어지는 이런 어처구니없는 사건에 우리는 꽤 맷집도 생겼고 익숙한 사람들이긴 하지만 이번엔 정도가 너무 심했다. 어떤 이유로도 변명할 수 없는 일련의 상황이 연쇄적으로 벌어지고 그 상황들을 강제로 목격하며 경험해야 하는 것이 얼마나 큰 사회적 스트레스인지 모른다. 높은 자리에 계신 분들은 짐작이나 할런지. 시중에 떠도는 욕으로는 딱히 표현할 길이 없어서 뉴스를 보면서도 입 다문 채 어금니를 꽉 물어야 하는 그 마음을.

하지만 야속한 시간들은 참 잘도 흘러간다. 혹시 하는 기대는 역시 하는 실망감으로 상처만 재차 후비고 진상 조사를 할수록 진상은 더 가려지니 추측과 루머만 난무하고 사람들은 급격한 피로에 지쳐가고 있다. 여러 달이 흐른 지금도 당국은 탑승자를 수색하고 있다. 끝내 몇 명은 돌아오지 못할 것이다. 이들의 슬픔을 도대체 어떻게 위로할 수 있을까. 세월호 특별법이 그 위로를 대신할 수 있을까?

뉴욕 9.11 테러 사고 현장은 무너진 건물터에 두 개의 검은 사각 우물을 지어 당시의 시간과 사람들을 기리고 있다. 우물의 검은 벽면에는 2,993명 희생자들의 이름이 새겨져 있다. 이는 그들을 잊지 않겠다는 사회적 다짐이다. 뉴욕의 마천루 숲 한복판 그라운드 제로라고 불리는 검은 메모리얼의 물소리는 희생된 사람들의 눈물처럼 어느 장례식장보다 더 강렬하게 죽음의 현장을 기억한다. 하지만 이곳은 또한 남은 사람들에게 가장 냉정하고 확고하게 살아야 할 의지를 전달하는 공간이기도 하다. 죽음을 통해 삶을 말하는 공간화된 기념비인 셈이다.

그라운드 제로가 상처를 보듬는 시적인 공간이라면 그 옆에 준공한 9.11 추모박물관은 당시의 잔해를 그대로 전시하여 생생한 참상을 직면하는 공간이다. 공사 기간 8년, 정부 지원금과 시민 기부금 7억 달러가 건립 비용으로 소요되었다. 덮고 잊어버리는 게 언제나 상책인 것처럼 살아온 우리 사회 관점에서는 언뜻 이해하기 어려운 박물관이다. 이제야 잊을 만한데 왜 상처를 또 헤집느냐고 길길이 날뛰는 누군가의 모습이 눈에 선하다. 삼풍백화점 자리에 아파트를 짓는 우리 식으로 보면 '긁어 부스럼' 박물관으로 놀림감이 되지나 않으면 다행이려나.

　박물관 안에는 무너진 빌딩 잔해에서 건진 처참한 흔적들이 전시되어 있다. 생존자들이 내려온 북쪽 타워 가장자리의 계단 일부는 '생존자의 계단'이라는 이름으로 원형 그대로 옮겨졌고 뼈대만 남은 건물 옥상 안테나와 잘린 철제 기둥 등도 사고 현장의 모습 그대로 전시되었다. 메모리얼 홀에서는 당시의 사고 영상, 현장 영상 등이 계속 돌아가고 불타는 건물 더미 속에서 구조를 벌이는 소방관들의 장엄한 장면, 당시의 육성 기록, 피해자 유물, 신문기사 들로 가득 차 사고 당시의 순간을 최대한 현실감 있게 재현한다. 이들은 왜 떠올리면 아픈 그 기억을 이토록 생생하게 남기려는 것일까. 박물관 벽면에 걸린 로마 시인 베르길리우스의 서사시 『아이네이스』 중 한 구절이 그 질문에 답을 한다.

No day shall erase you from the memory of time.
아무리 많은 날들이 지나도 시간의 기억에서 당신들을 지울 수는 없습니다.

　지울 수 없는 것은 지울 수 없는 상태로 두는 것, 그것이 최선임을 부정하지 않는 게 진정한 치유의 시작이다. 이런 생각을 공간으로 만들 수 있는 수준은 되어야 선진국이라 부를 수 있지 않을까. 우리에게도 망각을 강요하는 대신 현실 속에서 아픈 기억을 담아내

는 공간 하나쯤 있으면 어떨까. 일명 '잊지 않을게요' 박물관이라고
불러도 좋겠다.

　그런 역할을 해야 할 박물관이 이미 있긴 하다. 광화문에 있는 대
한민국역사박물관을 혹시 아시는지. 역사박물관이라면 내가 있기
전부터 존재해온 시간들 그리고 그 시간을 살아낸 사람들과 만나는
장소다. 하지만 교과서에서 본 듯한 유명 사진들, 시간과 사건이 기
록된 연표의 익숙한 나열만 가득한 공간 속에서는 마치 결론을 다
알 것 같은 전래동화를 읽어야 하는 어린아이처럼 마뜩잖은 심정이
되어버린다. 대한민국은 여전히 진행 중이건만 전시물 곳곳에 적혀
있는 '만지지 마시오'라는 푯말처럼 우리의 역사는 만지며 소통할 수
없는 전시용 역사, 현실감이 없는 박제된 역사라는 느낌이다.
　박물관은 미 대사관과 쌍둥이 건물이었던 문화체육관광부 건물
을 리모델링한 것이다. 그 내부는 19세기 말 개항 이후부터 현재에
이르는 대한민국 근현대사를 보여주는 공간으로 꾸며졌다. 대한민
국의 태동을 주제로 설치된 1전시실부터 해방 이후 대한민국 정부
수립, 한국전쟁, 산업화와 민주화가 차례로 이어진다. 마치 역사 교
과서를 펼쳐서 공간화 시켜놓은 개념이랄까. 연대순으로 나열된 공
간은 친절한 설명을 위한 것이겠지만 상상력의 한계를 드러내면서
역사와 관람자를 대화하게 하는 장소가 아니라 정리된 역사를 이견
없이 받아들이게 하는 교조적 장소라는 인상을 강하게 전달한다.
　선악 이분법 논리에서 철저히 선善의 관점으로 바라보는 역사박

물관. 이곳에서 얻을 수 있는 역사적 배움이란 '대한민국'이라는 국가적 관점에서 바라보는 '국가를 위한 역사'다. 대한민국 수립 이후 다양한 역사적 사건 속에서 이름 없는 보통 사람들이 어떻게 세상을 바꾸기 위해 노력했는지, 부조리와 불완전한 체제에 맞서 저항한 이들의 희생은 어떤 의미가 있는지, 해도 해도 끝이 없는 이념 논쟁을 떠나 통일을 위해 애쓴 이들의 기억할 만한 기록은 무엇인지, IMF 국가부도 사태 이후 우리 삶이 어떻게 변했는지, 앞으로 우리의 과제는 무엇인지 등등 미래를 위해 현재의 우리가 잊지 말아야 할 역사의 메시지는 찾을 수 없다. 선별되어 잘 포장한 역사를 통해 발전하고 있는 이미지를 전시하면서 국가가 잘 전진하고 있다는 '느낌'을 국민에게 보여주려는 홍보자료실이 필요했던 건 아니었는지 모르겠다. 사건은 있는데 사람은 보이지 않는 공간이랄까. 역사 속에서 살아온 보통 사람들의 자취는 어디에서 만나야 할지 궁금하다.

박물관을 나와 세종대왕 동상이 덩그러니 서 있는 광화문 광장 위에서 시청 쪽으로 천천히 산책을 나섰다. 백색 판석으로 포장된 너른 바닥을 보니 이 건조한 환경과 불투명 유리로 겹겹이 쌓인 박물관 외관이 썩 잘 어울린다. 딱히 할 일 없는 광장 바닥이 역사의 주인공이었던 보통 사람들을 기억하게 하는 장소가 되는 상상을 해봤다. 끝도 없이 깔아놓은 수많은 백색 판석들을 이번에 세월호로 목숨 잃은 희생자들의 숫자만큼만 떼어내고 그 자리에 한 사람 한 사람을 기리는 검은색 추모석을 끼워 메모리얼 매트를 만들면 어떨

까. 돌 표면에 작게나마 이름 석 자 새기는 것만으로도 충분히 무
겁고 아름다운 풍경을 만들어낼 것이다. 하는 김에 세월호뿐 아니
라 서해 페리호 사고의 희생자들, 삼풍백화점, 성수대교, 대구 지하
철 화재 등 국가의 시스템 오류로 희생된 이들을 모두 함께 모신다
면 더 좋지 않을까. 그에 맞추어 광장 지하는 국가 추모홀로 만들고
각종 사고의 잔해들을 가져다가 명상 공간을 조성한다면 정신 차리
고 사는데 큰 도움이 될 것 같다. 잊지 말아야 할 것은 절대로 잊지
않는 확실한 장소 하나를 갖게 되는 것이다. 물론 온통 검은 바닥으
로 변할 것을 두려워하는 이들의 걱정 탓에 실현이 영 쉽지는 않겠
지만.

혹시 '힐스보로 참사Hillsborough disaster'를 아시는지. 1989년 4월
15일 영국의 리버풀과 노팅엄의 FA컵 축구 경기 도중 셰필드 힐스보
로 스타디움에서 96명이 압사하고 700여 명이 부상당한 비극적 사
건을 일컫는 말이다. 이후 25년간 해마다 기일에는 희생자를 기리는
다양한 추모 행사가 열린다. 그중 희생자 96명을 위한 좌석을 비워
놓고 경기를 치르는 장면은 특히 인상적이다. 텔레비전을 통해 세계
로 중계되는 96개의 빈 좌석은 '절대 잊지 않는다Never forget'라는 이
들의 메시지를 세계 축구 팬들에게 생생하게 전한다.

역사학자 카E.H. Carr는 "역사란 현재와 과거의 끊임없는 대화"라고
했다. 차형과 나의 대화도 끝났다. 우리의 대화도 역사로 기억될까.

책을 내기 위해 글을 쓰는 데 꽤 많은 시간이 걸렸다고 하면 읽는 분들이 놀라며 반문할지도 모르겠다. 하지만 정말이다. 하루를 온전히 글쓰는 일에 매진할 수 없는 상황이라 낮에는 설계 일을 하고 주로 밤에 글을 쓰며 주말마다 도서관에서 자료를 찾았다. 처음에는 공무원으로 일하며 밤이면 글을 썼던 카프카를 떠올렸는데, 1년이 넘어가니 아무리 그라도 직업이 건축가였다면 야근하느라 작품을 제대로 못 썼을 것이라며 위안을 삼게 되었다. 특히 이야기를 주고받는 형식이다 보니 최 소장은 당장에라도 내 글을 받아 다음 글을 이어 갈 준비가 되어 있는데, 내가 바쁜 일로 글을 쓰지 못해 진도가 나가지 않는 일이 잦았다.

때로는 나름 건축이라면 정통의 길을 걷고 싶은 최 소장이 B급 글쓰기에 난감해하며 의심쩍은 눈초리를 보낼 때, 이거 괜히 시작했나 싶었다고 이제야 고백한다. 그래도 이렇게라도 글을 마무리하게 된 것은 많은 사람이 건축이라는 분야에 관심을 가져줬으면 하는 작은(?) 바람에서였다. 건축이라는 것이 고귀한 예술 작품으로만 이해될 수 없는 시대에, 우리가 책을 읽고 영화를 보듯 건축이 충분히 흥미있게 읽히기를 바라며, 때로는 국영수처럼 재미는 없더라도 삶의 필수 과목으로서, 우리 삶의 아주 가까운 자리에서 신변잡기의 일상을 담는 존재임을 보여주고 싶었다. 원래 건축이란 게 이런 하찮고 자잘한 우리들의 일상을 담는 것 아니던가? 그래서 건축이 술

안주처럼 사람들의 가장 낮은 자리로 내려와 술자리의 뒷담화로 회자되기를 희망한다. 이 책이 이에 일조한다면 더 바랄 게 없으며 이 책의 정체성 또한 여기에 있다.

늦은 원고를 기다려주시고 멋진 책을 만들어주신 손희경 편집장님과 임윤정님께 깊이 감사드린다. 이번으로 두 번째 신세를 졌다. 혹시 집 지을 일 있으시면 꼭 디자인해 드리고 싶다. 이 책의 롤모델이 되어준 『대책 없이 해피엔딩』의 김중혁·김연수 작가에게도 감사의 말을 전하고 싶다. 일면식 없는 일개 팬으로서 『해피엔딩』이 없었더라면 이번 책을 쓸 생각조차 못 했을 것이다. 그리고 사진 사용을 흔쾌히 허락해주신 류승현씨와 신당창작아케이드에도 감사드린다.

살다 보면 똑같은 사건이나 현상을 두고도 참 다양한 해석들이 많아 놀랄 때가 있는데, 나도 최 소장의 프롤로그를 보고 나서야 내가 글을 쓰고 책을 낸 게 그의 덕분이라는 것을 알았다. 뭐, 난 이미 스무 살 시절 서른다섯 살이면 책을 한 권 쓰겠다는 당찬 포부를 밝힌 기억이 나지만 이런 것까지 구차하게 밝히느니 그냥 고맙다고 하는 게 나을 것 같다. 특히 이번 책의 파트너로서 그가 없었으면 책이 나올 수도 없었으니 최 소장에게 고맙고 수고했다고 전하고 싶다. 그래도 다음 치맥은 최 소장이 사야 할 차례라는 건 꼭 기억해줬으면 한다.

2014년 늦가을에
차현호

서울 건축 만담

두 남자, 일상의 건축을 이야기하다

ⓒ 차현호 최준석 2014

1판 1쇄 2014년 11월 28일
1판 2쇄 2016년 10월 19일

지은이   차현호 최준석
펴낸이   정민영
책임편집   임윤정
편집   손희경
디자인   최정윤
마케팅   이숙재
제작처   인쇄_더블비 제본_경원문화사

펴낸곳   (주)아트북스
출판등록   2001년 5월 18일 제406-2003-057호
주소   10881 경기도 파주시 회동길 210
대표전화   031-955-8888
문의전화   031-955-7977(편집부) 031-955-3578(마케팅)
팩스   031-955-8855
전자우편   artbooks21@naver.com
페이스북   www.facebook.com/artbooks.pub

ISBN 978-89-6196-184-4 03610

• 이 도서의 국립중앙도서관 출판시도서목록(CIP)은 서지정보유통지원시스템 홈페이지(http://seoji.nl.go.kr)와
  국가자료공동목록시스템(http://www.nl.go.kr/kolisnet)에서 이용하실 수 있습니다.(CIP제어번호: CIP2014033120)

• 이 책은 한국출판문화산업진흥원의 2014년 '우수출판콘텐츠제작 지원 사업' 당선작입니다.